GERDA

Thor Kunkel
Wanderful

Thor Kunkel

Wanderful

Mein neues Leben in den Bergen

Dieser Titel ist auch als E-Book erschienen

Eichborn Verlag in der Bastei Lübbe AG

Originalausgabe

Copyright © 2014 by Bastei Lübbe AG, Köln

Umschlaggestaltung: Christian Wilhelm, www.grafic4u.de
Umschlagmotiv: © Hagen Schnauss, München
Vorsatz-Illustration und Titelvignette: Gerda Kunkel-Bakker
Satz: Greiner & Reichel, Köln
Gesetzt aus der Bembo Std
Druck und Einband: GGP Media GmbH, Pößneck

Printed in Germany
ISBN 978-3-8479-0568-4
5 4 3 2 1

Sie finden uns im Internet unter www.eichborn.de
Bitte beachten Sie auch www.luebbe.de

INHALTSVERZEICHNIS

Für Lotti und Klaus Diers

Was glaubst du, befriedigt die Seele mehr, als ihres Weges
gehen zu können und keinen Vorgesetzten zu haben?

– WALT WHITMAN

Am See der Stille

Der See sah aus, als läge er irgendwo mitten in den kana-
dischen Wäldern. Oder an einem norwegischen Fjord. Das
Wasser hatte eine unglaubliche Farbe; smaragdgrün an den
von dunkelpelzigen Föhren und Lärchen bestandenen Ufern,
verfärbte es sich türkisblau, je weiter man hinüber zu den
Gipfeln von Schwarzhorn und Helsenhorn sah.

Die südliche Sonne stand hoch am Himmel und verwan-
delte die Mitte des Lago Devero in flüssiges, flirrend ver-
dampfendes Silber. Dahinter waren vorgelagerte Felseninseln
zu sehen.

Sehr heiß war es und still. In der sengenden Hitze schienen selbst Vögel und Insekten einmal Siesta zu halten.

Wir kampierten seit zwei Tagen an einer der vielen kleinen Lagunen, in denen sich das Wasser über dem weißen
Kalksand erwärmt und gegen Abend fast lauwarm erscheint.
Hier nicht zu baden – in dieser von unsichtbaren Silfen ange-
richteten Wanne – es wäre der schiere Frevel gewesen. Während wir abends am Lagerfeuer saßen und selbst gefangene
»Egli« – kleine Flussbarsche – und Felchen grillten, lagen wir

tagsüber in der Sonne am See. Ich arbeitete handschriftlich oder telefonierte dank eines solarbetriebenen Akkus. Irgendwie fehlte mir nichts. Bei einer Lufttemperatur von bis zu 30 Grad hält sich der Hunger auf natürliche Weise in Grenzen. Wir lebten überwiegend von Tee und stärkten uns zwischendurch mit Trockenobst, Reiscrackern und wilden Erdbeeren, die meine Frau irgendwo im Unterholz fand.

»It's wonderful«, sagte Gerda manchmal, und ich wusste genau, was sie meinte. Es mag unglaublich klingen, aber fast jeden Sommer seit über zehn Jahren haben wir diesen See kurz hinter der grünen Grenze zu Norditalien für uns allein.

Wanderte man den alten Säumerpfad – vom Abrunpass hinunter in den grünen Talkessel vom Pianboglio – bis etwa zur Mitte des Lago, dann ist man – weit unterhalb der Bergpässe, die sich zur Alpe Forno aufschwingen – ziemlich allein auf der Welt. Eine Art Treidelpfad – kaum fußbreit und glitschig – führt dicht am Ufer entlang, es ist etwas abenteuerlich, hier zu gehen, aber doch wunderschön. Buntes Gestein und Gesträuch, goldbraunes Wurzelwerk und Farnkräuter gehen weiter oben in die Waldgrenze über. Man geht und geht und kann es eigentlich gar nicht fassen, dass einem keine Menschenseele begegnet. Nur einmal in all den Jahren wurden wir durch das ferne Gejohle einer Horde von beräderten Outdoor-Aktivisten gestört. Feuerstellen finden sich nur hie und da, ebenso wenig Hinweise, dass hier am nördlichen Ufer noch andere Leute kampieren. Wahrscheinlich ist den meisten Passgängern die Höhendifferenz – immerhin über fünfhundert Meter – zu viel. Und nahe Parkplätze, diese wohl fragwürdigsten Segnungen unserer Zeit, gibt es nicht.

Was für ein Glück.

So bleibt dieser abgelegene See ein aus der Zeit gefallener Ort und jeden Sommer staunt man erneut, dass es ihn immer noch gibt, dass er unberührter wirkt als zuvor. Man sucht vergebens nach Spuren vom letzten Sommer – den eigenen

Spuren – und gibt schließlich auf. Selbst die Aschereste des Lagerfeuers sind nach einem Winter verweht. Doch warum auch weitersuchen?

Auf dem Nachhauseweg über den alten, noch aus der Römerzeit stammenden Plattenweg fiel mir auf, dass ich inzwischen eine klare Vorstellung hatte von dem, was sich in alten Büchern »irdische Glückseligkeit« nennt. Es hatte ganz sicher mit dieser erhabenen Landschaft zu tun, die auf viele abweisend wirkt. Man muss sich mühen und plagen, um hierher zu finden, und dann erwartet einen nicht einmal eine durstlöschende Belohnung oder ein Teller mit Fritten; da haken viele schon ab. Man müsste benennen können, warum es doch irgendwie lohnt. Für viele Sinneseindrücke fehlen einem aber einfach die Worte.

»Vielleicht solltest du darüber mal schreiben«, sagte meine Frau, kurz nachdem wir uns beide entschieden hatten »Wahlhochgebirgler« zu werden. Kann man vermitteln, was es heißt, in den Bergen zu leben? In Höhenlagen, bei denen es Menschen aus der Uckermark schon vom Zuhören schwindelt? Selbst der Lago Devero lag noch immer auf knapp 1900 Meter, da also, wo in etwa die Baumgrenze in Mitteleuropa verläuft. In solchen Höhen war es zur Zeit der Dreistufenwirtschaft kaum möglich zu wohnen. Und doch leben wir heute in dieser Region. Trotz aller Widrigkeiten des Wetters und sechs Monaten klirrender Kälte. Dieses Buch schildert zwei Jahre unseres Lebens, mit allen Höhen und Tiefen. In diesen zwei Jahren habe ich mein Leben auf den Kopf gestellt, es einmal ausgekippt, aussortiert, was mir nicht mehr gefiel, und dann habe ich es ordentlich wieder hingestellt. Da ist es nun.

Alpen statt Apps

Glücklich, wer mit den Verhältnissen
zu brechen versteht,
ehe sie ihn gebrochen haben.
— FRANZ VON LISZT

Sollten Archäologen in ferner Zukunft auf die Überreste unserer Zivilisation stoßen, werden sie in den Sedimenten eine Menge fossilierter *iPhones* und ähnliche »Hirnschrittmacher« entdecken, ich schätze, nicht allzu weit von den Überresten ihrer ehemaligen Besitzer entfernt. Manche werden sich wie von selbst aus den Hohlformen monströser Damenhandtaschen lösen; andere wird man aus versteinerten Handknochen förmlich herauskratzen müssen – so symbiotisch waren die kleinen Helfer mit ihren *Usern* verbunden. Ob sich manche von ihnen noch auf dem Sterbebett an die Verbindung zum Netz klammerten – an das große »soziale Netzwerk« oder an irgendeine App zur Wiedergeburt?

Oh, falls es Sie nicht sonderlich interessiert – oder besser gesagt, falls Sie längst wissen, wie einem das urbane Leben auf den Geist gehen kann, dann sollten Sie dieses Kapitel getrost überblättern. Falls Sie sich trotzdem interessieren, wie es überhaupt dazu kam, dass ich mir selbst in den Hintern trat und in die Schweiz emigrierte, dann lesen Sie weiter.

Am Vormittag des 6. Juni 2011 saß ich grübelnd in einem

winzigen, nach Sardellen-Pizza riechenden Konferenzzimmer einer Berliner Filmproduktion. Ich glaubte jenseits des Fernsehturms im blassblauen Himmel die weißen Berge des Wallis zu sehen; rechts von der »Nadel«, dem alten Wahrzeichen Ost-Berlins, das konnte nur die Mischabellgruppe sein, gleich daneben unverkennbar das Hörnli und links, etwas nebelverhangen, die breite Pyramide des Weisshorns, dessen Anblick eine majestätische Ruhe verströmt. Der Berg der Berge schlechthin. Nicht umsonst flimmert er allabendlich in der Schweiz über den Bildschirm, im Vorspann zur Wetterkarte, die sich im Eidgenössischen *Meteo* nennt. Kein leichter Berg übrigens. Den Himalaja-Bergsteiger Franz Lochmatter hat es hier in den Abgrund gerissen. Ich hatte den Ostgrat auch einmal durchstiegen und erinnerte mich an das stürmische Gewirr aus vereisten Pfeilern, Zacken und Rinnen … Eine von Tegel aufsteigende Maschine zerstörte die Fatamorgana aus Erinnerung und optischer Illusion. Mein Blick wanderte zurück an den Tisch. *Ah ja … Hier waren wir …* Die meisten der Anwesenden hantierten ungeniert mit ihren kybernetischen Statussymbolen – Smartphones und iPads –, jeder für sich, versunken im eigenen kleinen Handy-Kosmos.

Sie nutzten die Gunst der Stunde, denn der Kunde, Kommunikationsmanager einer Stiftung, hatte sich – einem natürlichen Bedürfnis folgend – gerade entschuldigt.

So tun als *app*, dachte ich, Denken in der Horizontalen, und immer am Geländer entlang. Fremdbestimmung des Innenlebens durch einen allwissenden Lenker. So wie früher mal in der Kirche. Alle hier gingen in einer *ferngelenkten* Verbundenheit auf. Trotzdem oder gerade deswegen war der Arbeitsalltag fremder geworden.

Abgesehen von dem Produzenten und seiner Assistentin kannte ich keinen der sogenannten Experten am Tisch, man hatte sich zwar kurz vorgestellt, doch die Namen waren mir wieder entfallen. Der Kunde wurde jedenfalls hinter vorgehaltener Hand »der Röster« genannt, er hatte früher mal mit Kaffeewerbung zu tun, bevor er zum professionellen Gutmenschen wurde. Für Meetings dieser Art war es ohnehin nicht nötig, dass man sich kennt, es reicht, seine Funktion zu erfüllen. Noch besser, man schickt seinen *Doppelgänger* zur Arbeit, das zweite, pflegeleichte Ich, das man braucht, um im Berufsleben zu bestehen. Geistig im luftleeren Raum hängend, treibt man so von einer Besprechung zur nächsten, eine Art umgekehrte Geburt bereitet sich in uns vor, man fühlt es unter dem Herzen wachsen, und – hoppla, eines Tages begegnet man sich zum ersten Mal selbst auf dem Flur. In diesem Doppelgänger-Zustand verbringt man dann sein weiteres Leben. Trotzdem schienen alle am Tisch zufrieden zu sein, ein Facebook-affines *Dividuum* (ich nenne sie allesamt so) lachte kurz auf; wahrscheinlich hatte jemand ihre Freundschaftsanfrage bestätigt. Sie stand der Verkleinerung ihrer Welt auf die Größe eines Westentaschendisplays offenbar positiv gegenüber und befürwortete ihre Denkprothese, die dank »kompromissloser Wireless-Lösung« in der Lage war, ihren Alltag zu schmeißen. Wie schön! Auch mein Taktgeber vibrierte schon geraume Zeit vor sich hin, doch ich hatte keine Lust, zwischen all diesen hoch aufgerüsteten Abhängigen mein runtergerocktes Smartphone der ersten Generation herzuzeigen. Es hätte den Produzenten nur auf dumme Gedanken gebracht; wer erfolgreich ist, der zeigt das in Berlin durch ein Auftrumpfen mit Technologie, die ganz Abgezockten sogar mit einem Bluetooth-Henkel im Ohr. Mich hatte der Techno-Quatsch nie interessiert, ich war kein Pilger des Fortschritts, kein Adept einer Welt am Draht, die ihre Bewohner in den virtuellen Lagern von Foren und Sites als Lebewesen komplett suspendiert. Zumindest dem *Crackberry*[1], der sich zum iPhone wie der Ammonit zum Trillobiten ver-

---

1 Slang für Blackberry

hält, wurde schon Mitte der Neunzigerjahre Suchtpotenzial nachgesagt. Kein anderer Organizer wurmt sich tiefer ins Hirn seines Users. *O dolce digitalis* … Infolgedessen ist der vernetzte Mensch stets dauereuphorisiert – ein Zustand, der das rauschhafte Erlebnis universell agierenden Daseins in der tristen Urbanität garantiert. Die anstehende Verschmelzung von Mensch und Maschine, hier – im Umfeld der *personal organizer* – wird die psychologische Basis geschaffen. Mit der »Adapter«-Kultur hat sich der elektronische Belagerungsring um den schläfrigen Bürger jedenfalls noch enger gezogen.

»Meinst du, der Kunde kauft endlich den Film?«

Der Typ neben mir, nennen wir ihn mal Stevie Vorzwerg, weil er seinen Namen Steffen nicht mochte und mit eins fünfundsechzig und Fransenpony wirklich einen brauchbaren Hobbitdarsteller abgab, tippte wie besessen auf die Mini-Tastatur seines iPhones. »Ich habe die Schnauze voll von dem ehrenamtlichen Mist«, sagte er in einem leisen, auf die Dauer anästhesierenden Ton.

»Wenn er heute nicht kauft, dann bin ich raus … Oder er soll uns anständig bezahlen. Dann tanze ich jederzeit an, aber nicht so!«

Stevie war schon lange im Spiel. Als ehemaliger Popkultur-Korrespondent eines bekannten TV-Formats hatte er mir einmal die große Kunst multikultureller Ereigniskultur definiert: »Es geht darum, andauernd Zusammenhänge herzustellen, die nicht bestehen, und diese dann geschmeidig zu *chanten*. Und dafür braucht der Kunde intelligente Spinner wie uns.« Seine »ungeschminkte Reportage über die letzten Tage eines HIV-positiven Rappers aus Johannesburg« hatte nicht nur auf der Berlinale hymnische Kritiken geerntet, sondern auch dem Aids-Fonds Spenden in Millionenhöhe gebracht.

Wenn er nicht gerade Twitter mit Pressemeldungen über seine »Projekte« versorgte, suchte er »am Empörungs-Everest der deutschen Intellektuellen« – in der milliardenschweren

Hilfs-Industrie – nach Jobs, und so war er wahrscheinlich in dieser illustren Runde gelandet. Zwei Trendscouts versorgten den Überflieger rund um die Uhr mit Informationsmaterial, das er dann zu naturalistischem Sozialkitsch oder Menschenrechtslyrik verbrämte: *»Wir sind der Change«* oder *»Sieh einer mal nach dem Rechten«,* mit solchen Sprüche hatte er schon hochkarätige Auftraggeber beeindruckt. Man konnte behaupten, dass Stevie der gesellschaftlichen Mitte entstammte, er fühlte sich in der Bananenrepublik pudelwohl. Selbstredend teilte er die »Geschäftsgesinnung« seiner *peer group* und die Werte natürlich, die im Alltag für ein moralisches Minimum sorgten. Im Grunde genommen ging er mit allem d'accord.

Berlin ist ein Moloch. Die Leute lieben den Dreck und den Stress. Ich nicht. Wie in eine unpassende Fassung eingeschraubt – so fühlte ich mich in diesem *Anything goes.* Das Recht auf Total-Enthemmung, das hier jeder für sich proklamiert, schien mir eher eine Spielart der Zwangsbeglückung zu sein. Sie war auch irgendwo Ausdruck des schlechten Gewissens des Kapitalismus, dass man denen, die man nicht am Reibach teilhaben ließ, erlaubte, tätowiert und mit gepierctem Schniedel ins Freibad zu gehen. Sieben Jahre hatte ich den Missklang Berlin ertragen, bis zu einem Novembertag 2008, als ich auf einer Parkbank am Lietzensee saß und nirgends mehr einen Hauch von lebenswerter Gegenwart sah. Die Luft war endgültig raus, ich konnte mir nicht vorstellen, den Rest meines Lebens in dieser Wildnis von Subkultur zu verbringen. Mir graute davor, ein typisches Berliner Schriftstellergesicht zu bekommen, so eine Mischung aus Betroffenheitsmimik und Neiddackelfratze. Selbst die Erfolgreichen waren dazu verurteilt, zwischen Depression und Narzissmus zu pendeln. Noch unerquicklicher erschien mir die Aussicht, mich in irgendeiner Nische des Literaturbetriebs zu verschanzen, von Almosen zu leben und so zu tun, als wäre ich blind, taub und stumm. Der diskret eingeleitete Umbau der Gesellschaft betraf längst auch meine eigene Lebenswirklichkeit. Darüber sollte man natürlich unbedingt schreiben, schließlich geht es auch darum, den Menschen von morgen ein Zeichen zu hinterlassen: Seht mal her, so war unser Leben. Doch eine literarische Einholung des Zeitgeschehens konnte ich nirgends entdecken.

Da ich mich nicht im Boudoir der Gefälligkeitsliteratur einrichten wollte und da es mir nie leichtgefallen war, ein verwahrlostes Verhältnis zur Wahrheit zu pflegen, hatte ich mich für einen anderen Weg entschieden: Alpen statt Apps, hinauf auf einen Berg in den Walliser Alpen, nahe der italienischen Grenze und nur wenige Kilometer vom größten Gletscher Europas entfernt. Das Haus war gerade fertig geworden, und obwohl es noch leer stand, obwohl es dort oben nur einen Tisch, zweieinhalb wacklige Stühle, etwas Campinggeschirr, ein paar Schaffelle und zwei Schlafsäcke gab, wusste ich, dass ich in ein paar Tagen umziehen würde. Die Wohnung in Berlin war gekündigt und ich saß schon eine Weile auf Umzugskisten, von denen ich jeden Abend eine in die Mülltonne kippte. Nur nichts mitschleppen. Nicht auf zweitausend Meter Höhe. Das meiste war ohnehin wertloses Zeug, zerlesene Bücher, Krimskrams vom Flohmarkt, echter »Kerschel« oder Gebrauchsgegenstände, die man sich ebenso gut wieder neu anschaffen konnte. Ich war froh und glücklich, endlich die Biege zu machen, diesen stets wiederkehrenden Zumutungen städtischen Lebens entkommen zu können. Im Ernst, ich hatte von diesem verschrobenen Zentrum des Universums genug und sah keinen Sinn darin, den Stoff für eine von dreieinhalb Millionen völlig austauschbarer Lebensgeschichten zu liefern. Wie viele Autoren schmorten hier in morbider Egomanie vor sich hin? Wie viele hingen von dem Führungszeugnis ab, das ihnen Google ausstellte, wie viele zit-

20

terten vor schlechten Kritiken oder beschäftigten sich damit, den schleppenden Abverkauf ihrer »Produkte« nach Hausiererart anzukurbeln? Mit Gemeinplätzen und geborgten Interessen? Jeder Zweite zählte sich inzwischen notgedrungen zur digitalen Bohème. Diese schien vor allem eine Erfindung der Hauptstadt oder der »Piraten« zu sein: Man verbreite einfach hohle Phrasen über das eigene Scheitern – und auf geht's. Wieso sollte ein erwachsener Mensch da mitmachen wollen? Wäre dieses befristete Leben ein *biologischer* Film, dann bliebe am Ende nur festzustellen, dass man in der falschen Vorstellung war. Eine Rückerstattung des Eintritts gibt es in diesem auf Stoffwechsel und Hirntätigkeit begründeten Cinema allerdings nicht. Und das Paradies, das Leben nach dem Tod …? Der Film, den du jetzt siehst und in dem du die Hauptrolle spielst – er läuft nur einmal ab.

Das penetrante Kribbeln in meiner Jacke erinnerte mich an die Tatsache, dass ich den urbanen Tumult noch nicht hinter mir hatte: Ein Kamera-Team von *Arte TV* war in der Stadt, um meine für 20 Uhr geplante szenische Lesung an der Volksbühne zu filmen. Die Schauspielerin Natalia Wörner und ihr Theaterkollege Markus Gertken hatten sich bereit erklärt, den Protagonisten meines neuen Romans ihre Stimme zu leihen.

In den letzten Wochen hatten wir ein paarmal bei Frau Wörner geprobt und dabei festgestellt, wo es im Roman Längen gab, die das Sprechen erschwerten; den Text für die Bühne zu kürzen, hatte ich allerdings – fünf Stunden vor der Aufführung – noch nicht geschafft.

Eine Lesung zu dritt ist im Grunde nicht weit von einer Theateraufführung entfernt. Doch der Aufwand rechtfertigte sich, denn ich hatte aus Gründen des Umzugs keine weitere Lesung in Deutschland geplant. Eine vage Entschuldigung murmelnd, verließ ich den Raum.

Tatsächlich war es das *Arte*-Team, das mit seinem Bus vor der verschlossenen Volksbühne stand. Die Journalistin erklärte mir, dass man alles noch einrichten müsse und ob ich vielleicht eine Nummer von jemandem hätte, der eben mal aufschließen könne. Tatsächlich hatte ich so eine Nummer, doch nicht dabei. Ich versprach daher, so schnell ich konnte zu kommen. Wir verabredeten uns in einem Café am Rosa-Luxemburg-Platz, wobei ich schon einkalkulierte, den Termin nicht halten zu können. Genau das entsprach dem von Touristen so geschätzten Modus Vivendi Berlins: Man ist dauernd zu spät oder zu früh, also notorisch unzuverlässig, doch da es jedem so geht, findet man einander in der Unpünktlichkeit.

Zum Glück kaufte der Kunde den Film, er war sogar bereit, Vorzwerg und mir 25 Prozent des Honorars als *global buyout* zu zahlen. »On top!«, wie der Röster betonte. »On top!«

Der Produzent hingegen erkundigte sich schon einmal nach Adaptionen des Films, denn die werden gerne vergessen, um die gute Stimmung nicht zu gefährden.

Eine weitere Assistentin kreuzte mit einem Servierwagen auf.

Wieder vibrierte mein Handy, der Speicher war voll, ich hatte schon tagelang keine SMS mehr gelöscht, doch die Leute pumpten ihre Informationen erbarmungslos weiter. Auch das *Arte*-Team war wieder am Ball, fast wähnte ich mich wie der flüchtige Louis XIV. kurz vor seiner Festnahme durch äußerst nachtragende Bürger, die ihn tatsächlich dem Scharfrichter ausliefern sollten.

Die Zeit hing an mir so unerbittlich wie der Schildfisch am Bauch eines Hais, ich wusste einfach immer, wie spät es war: Viel zu spät.

»Gut gemacht«, sagte Vorzwerg. Da packten wir gerade unsere Sachen zusammen, das heißt, eigentlich packte ich für uns beide, während Vorzwerg seine sozialen Netzwerke mit Triumphlauten zu füttern begann. »Die Probleme werden natürlich bleiben, aber sie erscheinen in einem anderen Licht. Und dem Kunden haben wir erst mal wieder die Brötchen gerettet …«

Er lachte und ich stimmte mit ein, ja, versuchte noch eine Idee lauter zu lachen. »Ist doch alles super gelaufen …« Yip. Zwei Kostgänger der Hilfsindustrie hatten es mal wieder eine Runde weiter gebracht.

Die Seele gibt sich in Boomtown Berlin am besten teflonbeschichtet: Lass es abrutschen, es hat doch keine Bedeutung. In Gedanken aber zog ich bereits über die grünen Matten der Alp, *sub divo,* unter freiem Himmel, hinauf auf den Grat, von wo aus man den in der Sonne glänzenden Gletscher betrachten kann … Der Blick über den Großen Aletsch reicht weit, fast bis zum Ewigschneefeld der Jungfrau-Region. Man wird wie trunken von diesem leuchtenden Blau, unter dem sich die surreal anmutende Landschaft der Seracs hinzieht, jeder Spalt im Eis so fein ziseliert, dass man – ganz gleich, wo man sich hier oben befindet – auf der glühenden Schneide zwischen makro- und mikrokosmischem Bewusstsein balanciert.

Wahrscheinlich hatte Vorzwerg meine innere Entfernung gespürt. Er wusste von meinem Umzug und gefiel sich seit Wochen darin, mir die Schwierigkeiten unserer künftigen Zusammenarbeit auszumalen. Hätte ich mich erst einmal »aus der Zivilisation abgeseilt«, wäre ich bald »außen vor«. Noch schlimmer: »Mit dieser Nummer begibst du dich offen in eine Opposition gegenüber der Welt.« Das könne sich heutzutage keiner mehr leisten, mitmachen sei gefragt. Dabei sein.

Auf unserem Weg zum S-Bahnhof Hackescher Markt fing er ein letztes Mal an.

»Ist es nicht ein bisschen früh, sich in ein Regressions-milieu abzusetzen? So alt bist du nun auch wieder nicht ...«

»Es hat nichts mit Alter zu tun.«

»Warum dann? Ich meine, es ist doch absurd ...«

»Was soll daran absurd sein, in eine schönere Umgebung zu ziehen?«

»Das ist der Grund?«

»Nein, aber zusammengenommen mit sauberem Wasser, keim- und staubfreier Luft und an die zweihundert Sonnen-tagen im Jahr könnte man es einen richtig guten Grund nen-nen. Und dann die Ruhe ...«

»Ruhe?« Vorzwergs Mund verzog sich plötzlich, als ob er Zahnschmerzen hätte. »Was ist mit Inspiration? Was ist mit Kultur? Sieh dich um, ich sag dir, du wirst das vermis-sen ...«

Kultur? Hatte er das eben wirklich gesagt?

In der Mittagshitze schlenderten ein paar geschlechtslose Jochbummler an uns vorbei. Ich glaube, einer von ihnen hat-te sein Smartphone gezückt. Die beiden anderen hatten an prall gefüllten Fahrradkuriertaschen zu schleppen, im Üb-rigen trugen sie auffällige Brillengestelle und Lumpenlook-Leibchen mit Aufschriften, die sie wahrscheinlich selbst nicht verstanden.

»Hast du eben die Typen gesehen?«

»Die eben?« Vorzwerg drehte den Kopf. »Ja, und?«

»Wie würdest du die einordnen? – Nonkonformisten? Mitglieder der digitalen Urhorde? Leistungsträger oder Kan-didaten für eine Reality-Show?«

»Keine Ahnung.«

»Ich sag dir, was sie sind: Lauter Einzelne.«

»Ist doch Quatsch.«

»Nein, kein Quatsch. Das Einzige, was sie verbindet, ist die Angst, dass ihnen morgen die Knete ausgeht. Das ist der kleinste gemeinsame Nenner von Boomtown Berlin.«

Vorzwerg schenkte mir einen mitleidigen Blick. Dass er überhaupt so nachsichtig mit mir war, hatte ich wohl der passgenauen Medikation seines Dealers oder Psychiaters zu verdanken.

»Das sagen doch sonst nur resigniert-unzufriedene Rechte vom Weißwurst-Äquator …« Wir hatten inzwischen den Bahnsteig erreicht und Vorzwerg fütterte einen der Automaten mit Münzen. »Wovor hast du Angst – dass es einen Bürgerkrieg gibt?«

»Sehe ich aus, als ob ich Angst hätte? Ich frage mich nur, warum ich dieses Experiment der Moderne mittragen soll …«

»Welches Experiment?«

»Hörst du keine Nachrichten, Mann?« Mir schien es fast so, als ob er mich auf den Arm nehmen wollte. »Die verhandeln gerade über die elementarsten Grundlagen dieser Gesellschaft. Ist dir das eigentlich klar?«

»Okaayyyy …« Vorzwergs Zug fuhr rumpelnd ein und er zog die letzte Silbe gekonnt in die Länge. »Lass uns darüber ein andermal sprechen. Ich meine, wir können ja *skypen* … Ihr habt doch hoffentlich Internet auf eurer Hochgebirgsinsel der Glückseligen?«

Ich überlegte wirklich ein paar Sekunden, bevor ich nickte.

»Na dann ist doch alles in Ordnung.« Vorzwerg zwinkerte mir zwischen Falttür und Bahnsteigkante verständnisvoll zu. »Hauptsache, man kann dich erreichen. Gut, gut!«

Überflüssig zu sagen, aber bis heute habe ich nie wieder von Stevie Vorzwerg gehört.

Jeder kann uns erreichen, dachte ich später, doch niemand weiß uns zu finden. Niemand kennt uns, und auch wir kennen keinen. Sind im Grunde genommen froh, dass das so ist. War ich wirklich mit dieser Menschheit verwandt, die das Glück ihres Daseins auf den großstädtischen Einkaufsmeilen suchte und fand? Ich hatte mich hier stets unwohl gefühlt.

Selbst die ach so beliebte Ecke zum Quartier 206 galt mir als Hölle auf Erden.

Halten wir eines in aller Deutlichkeit fest: Es war für Schriftsteller nie ungewöhnlich, in die Berge zu ziehen. Die Leute haben doch eh eine Macke, und da sie in den seltensten Fällen gut verdienen, versuchen sie ihrer Tätigkeit wenigstens unter menschenwürdigen Umständen nachzugehen. Als Max Frisch 1965 ins Tessin, nach Berzona, zog, wohnten dort bereits Golo Mann und Alfred Andersch. Sicher kein Zufall. Auch andere Schriftsteller – Rainer Maria Rilke, Carl Zuckmayer, Hermann Hesse, um nur ein paar Namen zu nennen – hatte es in die Berge verschlagen. Es tut manchmal not »sich selbst in die Wüste zu schicken«, einfach um neue Möglichkeiten zu eröffnen. Irrungen, Wirrungen – es sollte in jedem Leben noch Platz für einen *happy accident* sein. Oft ist es riskanter, ein Risiko eben *nicht* einzugehen. Und in dem Alter, in dem das Leben einem schon weniger gibt und stattdessen immer mehr nimmt, ist es keine schlechte Idee, einen Neuanfang ganz woanders zu wagen: Denn zu leben bedeutet, sich zu erneuern, es ist eine sich fortsetzende Form der Geburt. Im Unterschied zu einem Säugling, der nach der Trennung der Nabelschnur sofort zu atmen beginnt, muss der Mensch sein Potenzial in verschiedenen Stadien des Lebens entdecken. Er muss seine Entwicklung angehen wollen.

Mein Geheimnis? – *Never look back.* Das, was den indischen Siddhi-Meistern angeblich erst im Laufe von drei Reinkarnationen gelingt, mehrere völlig verschiedene Leben zu leben, habe ich mit einem einzigen Leben geschafft. Alle zehn Jahre verkaufte ich meine ausgehärtete Kruste aus Zivilisationsmüll und wechselte in ein anderes Land. Für den Einsiedlerkrebs wird es Zeit weiterzuziehen.

Gegen halb fünf saß ich endlich in einer U-Bahn Richtung Rosa-Luxemburg-Platz. Natürlich wieder in technophiler

Gesellschaft. Während die Älteren das tonlose Fahrgastfernsehen (»Berliner Fenster«) genossen, war das jüngere Publikum mit seinen Netzwerk-Geräten beschäftigt. Sie nahmen nichts um sich herum wahr, sahen nicht einmal auf, wenn sich jemand neben sie setzte. Solche Szenen hatte es früher nur in dystopischen Science-Fiction-Filmen gegeben, inzwischen waren sie Realität. Vielleicht fühlte man sich nur unheimlich berührt, wenn man die Zeit vor dem *Cyberzooikum* kannte, die zweite Hälfte des 20. Jahrhunderts, als Menschen noch ohne Computer auskommen konnten. Die, welche hier saßen, waren nicht nur Lichtjahre von ihrem eigenen Willen entfernt, sondern bereits Symbionten.

Im Übrigen roch es auch grässlich nach Döner, denn eine propere Mutti – sie hätte die große Schwester von Cindy aus Mahrzahn sein können – aß den Mitreisenden etwas vor. »Fish 'n' chips«, sagte einmal ein Cabbie zu mir. Das sei für ihn der Inbegriff von London, selbst wenn die Stadt schon lange nicht mehr so *swingt* wie in den Sechzigerjahren. Es werde noch Jahrzehnte dauern, bis Berlin der britischen Metropole den Rang ablaufen werde.

»You know why?«, beendete er seinen Vortrag. – *»Kebab makes you lazy.«*

Könnte sein. Man ist, was man isst.

Während der Fahrt versuchte ich meinen Text halbwegs zu lernen, doch ein paar Typen, die eine Bank weiter lautstark die übliche Berliner Fäkalsprache mit lautmalerischen Mehrwertsbrocken versetzten, machten mir einen Strich durch die Rechnung. Die Umgangssprache hat inzwischen ein Niveau erreicht, das dazu einlädt, lieber schriftlich mit seinen Mitmenschen zu verkehren.

Neo-Punks, dachte ich erst, aber das hier waren keine Anarchos und Skins, es waren einfach nur die Durchschnittsprodukte frei flottierender Triebenergie und Luxus-Verwahrlosung. Wie es sich für echte Proleten gehörte, hatten die drei Bierflaschen in der Hand. Je länger ich ihnen zuhörte – und das war eigentlich unvermeidlich –, umso heftiger wurde das Pochen in meinen Schläfen und umso plausibler erschien mir die These, dass die Summe der Intelligenz auf diesem Planeten, trotz steigender Bevölkerungsdichte, stets gleich bleiben würde.

»Und Hertha wird doch Meister«, sagte gerade der mit dem Lippen-Piercing, »mit so Typen wie dem Abberer-Bagger Kargo …«

»Biste blöd, Alta?«, quakte sein Nebenmann los. »Der heißt Abu – Bakarr – Kargbo, du Pfosten! Kannst dir nüch' mal merken?«

»Hab ich doch jesacht, A'sche«, kam es von dem Gepiercten zurück. Die scharlachrote Tätowierung in seinem Nacken hatte ich erst für Ekzeme gehalten. »Also der Abu-Bagger …«

»Der Lasocka …«, nölte der Dritte, ein Glatzkopf, von seinem Schwerbehindertensitz. »Der Lasocka ist besser … Hab ich neulich gegen Schalke gesehen …«

»Was is'n eigentlich mit dem Ruki … dem Ruka …« Es folgte ein unaussprechlicher Name, der ganz gut zu einem mikrobiologischen Wesen gepasst hätte.

»Was ist eigentlich mit der Evolution?«, dachte ich so bei mir.

Oder hatte ich es eben gesagt? Der mit dem tätowierten Nacken warf jedenfalls einen konspirativen Blick über die Schulter.

»Wat jesacht, Alta?«

Das folgende recht kurze Gespräch fand tatsächlich so oder zumindest so ähnlich über die Rückenlehne einer Sitzbank hinweg zwischen mir und mehreren zeitgenössischen Erscheinungen des Mitmenschen statt.

28

»Ich dachte gerade, was ist eigentlich mit der Evolution? Ich meine, es kann nicht im Sinne des menschlichen Fortschritts sein, dass ihr Typen mit unaussprechlichen Namen und Riesenfüßen verehrt …«

»Wat?«

»Will sagen, es ist verdammt lange her, dass Hände und Füße für den Menschen gleich wichtig waren …«

Einen Moment waren sie völlig perplex. Selbst ein Mann mit Headset am Ohr blinzelte irritiert. Die Fahrgäste, die auf den Querbänken saßen, zogen es vor, Löcher in ihr »Berliner Fenster« zu starren.

»Hast du was an der Waffel?«

»Nein, ich denke nur laut …« Ich konnte nervig sein, wenn ich wollte. »Als aus den Affenmenschen richtige Menschen wurden, da war der Fuß sofort abgemeldet, versteht ihr? Das ist erwiesen. – Okay?«

Das Trio wechselte wieder verunsicherte Blicke.

»Jesus – ich schwöre, das soll keine Beleidigung eurer Lokalmatadoren sein – aber niemand von euch käme auf die Idee, seine Flasche mit den Füßen zu öffnen.«

Peinliche Stille.

»Seit der Steinzeit hat sich der Mensch auf seine vorderen Pfoten verlassen …« Ich hob meine Hand und bewegte die Finger. »Wir sind Werkzeugmacher, Freunde, ehrliche *Homo ergaster*, keine … na ja, ihr wisst schon … Die Füße so einsetzen, das hat schon affenartige Züge …«

»Sach ma', ike gloob's ja ma'nüch … Wat hat der eben jesacht?«

Der *Bluetooth*-Träger wechselte vorsichtshalber den Sitzplatz.

»Icke steh' nücht auf Krüppelklatschen«, sagte jetzt der mit Migrationshintergrund, »aber wenn's sein muss …«

»Relax …« Ich ahnte, es war höchste Zeit, die Kurve zu kriegen. »Was du gesagt hast, ist okay. In deinem Alter ist das bisschen Hirnschmalz, das einer hat, sowieso in Testosteron einbalsamiert.« Hätte ich eigentlich so nicht bringen müssen, fiel mir hinterher ein. »Was ich vorhin über Fußball gesagt habe, lieber Himmel, das ist mir so rausgerutscht … Ich wollte euch bloß klarmachen, dass ihr Atavismen verehrt …«

»Attatürk?«, kam es von dem Schwerbehindertenplatz. »Hat der eben Attatürk jesacht oder was?«

»Wieso sollte ich so etwas sagen? Wir reden doch über …«

»Kann icke mal deinen Fahrausweis seh'n?«, unterbrach mich der mit dem Aussatz-Tattoo. »Wir ham zwar Feierabend, aber einen Affenarsch wie dich kontrollier'n wir auch gratis!«

Die überraschende Begegnung mit den unkonventionellen Kontrollettis steckte mir noch in den Knochen, als ich durchgeschwitzt das »Volksbar« genannte Café betrat. Die Schwüle eines aufziehenden Gewitters hing in der Luft und die Leute von *Arte TV* brüteten wie vergiftet über ihren Tassen mit Latte macchiato … Verdammt vielen Tassen …

Am Tag zuvor hatten wir gemeinsam Grunewald und Steglitz unsicher gemacht, bis in die Abendstunden gefilmt, und die Journalisten wirkten ziemlich geschlaucht. »Da sind Sie ja endlich!«, entfuhr es Hajü, dem Kameramann.

Ja, da war *er* ja endlich … Völlig daneben, aber unversehrt. Ich kam mir vor wie ein Idiot, denn der Vorfall in der Bahn hätte auch anders für mich ausgehen können. Viele erwischt es auf den letzten paar Metern.

Andererseits hatte ich auch wieder Glück. Die Mitarbeiterin der Volksbühne – auch Hüterin der Gästeliste – war bereits auf dem Weg, ihr Arbeitstag begann um halb fünf, damit war alles fast wieder *in sync*, man konnte in dieser Stadt eigentlich gar nicht unpünktlich sein.

Während das Team abzog, arbeitete ich noch ein paar SMS-Anfragen ab. Um ehrlich zu sein, die meisten löschte ich einfach weg, damit das Gerät endlich Ruhe gab und nicht andauernd fiepte. Doch noch immer zeigte mir das Display zwölf ungelesene Nachrichten, von denen ich aber den Wortlaut auswendig kannte: *Kannst du mich auf die Gästeliste setzen? Gruß Soundso.*

Inzwischen trudelten auch die Schauspieler ein. Von Weitem erkannte ich Natalia Wörner, die – in einem lichtblauen Empire-Kleid mit figuralem Print und einem bei jedem Schritt schwingenden Zipfelsaum – feengleich zur Tür der Volksbühne schwebte. Wir riefen und winkten ihr zu, als sie die Hand auf die Türklinke legte.

Fast zeitgleich tauchte auch Gertken auf, gekleidet wie ein Countryside-Gentleman. Er war extra aus Hersfeld gekommen und musste nach der Lesung wieder zurück, zur Nachtprobe von *Im Namen der Rose.* Das »hohe harte Friesengewächs« (ich darf ihn so nennen) machte daher einen etwas weniger entspannten Eindruck als Frau Wörner, vielleicht lag das auch an diesem Traum von einem Kleid, das sie trug. Nach zehn Minuten waren aber alle guter Dinge, was die szenischen Etüden betraf.

20 Uhr. Meine Hinhalte-Strategie hatte Erfolg: Während draußen ein Platzregen niederging, strömten lauter durchnässte Leute in den »Grünen Salon«, der Raum schien plötzlich aus allen Nähten zu platzen. Ich war überrascht, den Schriftsteller Jockel Tschirsch und meinen ATK-Trainer Herve Batail im Publikum zu sehen. Selbst »mein alter Zahn-Doc«, der werte Dr. Bernd, und seine Frau hatten es klitschnass geschafft.

Mit 20 Minuten Verspätung ging es dann los, über zwei Stunden lang … Während meine stimmliche Darbietung eher bescheiden ausfiel, steigerten sich die Schauspieler mit jeder Szene weiter in die Rollen des wohlstandsverwahrlosten und Sklaven haltenden Pärchens hinein.

Sie bekamen immer wieder Szenenapplaus, ein Erfolg.

Ich beschloss an diesem Abend, meinem Freund, dem Regisseur Oskar Roehler, ein Buch zu schicken. Der Abend war natürlich noch nicht gelaufen und trotz völliger Erschöpfung ließ ich mich noch von Freunden auf einen Absacker mitschleppen. Die meisten wussten, dass ich morgen früh abreisen würde, nur mir selbst wurde es erst um Mitternacht klar. Schluck.

Gegen Viertel nach vier in der Frühe saß ich dann an der S-Bahn-Station Alexanderplatz und noch immer liefen Menschen vorbei, die Sorte, die eigentlich überall auf der Welt eine Personenkontrolle riskiert – flaschenpfandsammelnde Rentner, übernächtigt aussehende und druckbetankte Männer, grummelnde, unerreichbar wirkende Typen, oft schwankend, und verballert aussehende *Durchfeierer*, die in ihre leuchtenden Handflächen starrten: Welche Apps sie wohl gerade um diese Uhrzeit aufriefen? Wer auf der Welt musste um Viertel nach vier etwas wissen? Vielleicht suchten sie auch nur einfach nach einem passenden Stück Musik, einem Beat, der sie ans Ende der Nacht bringen würde. Aus ihren Ohrmuscheln leuchteten ja deutlich die weißen Stöpsel der iPod-Beschallungsmaschine, die ihren Träger vor der ungenießbaren Gegenwart schützt – oder wie Stevie Vorzwerg gesagt hätte »letzte Immunitätszone inneres Ohr«.

Von dem Kältestrom ihrer Umgebung, dieser heruntergekommenen Plastikwelt, schienen sie nichts zu bemerken. Sie nahmen es einfach so hin, vielleicht waren sie wirklich glücklich, in diesem Plunder zu kreisen.

Es stimmt sicher nicht, dass die meisten Menschen nichts als erkaltete Exkremente hinterlassen, aber frühmorgens, am Alex, da scheint es doch eine Möglichkeit zu sein, die man nicht von der Hand weisen kann. *Was für ein mühsamer Weg,* dachte ich noch, *von Ursuppe zur Spitze der Nahrungskette, über Millionen von ausgestorbenen Arten hinweg. Der Mensch hätte über-*

all landen können, in einer Kathedrale oder im Garten Eden, aber nein, er landete hier …

Das stete Rauschen der Städte, das ich hörte, schien nicht länger von der Straße zu kommen, es war der Strom der Vergänglichkeit, um mich herum wurden Trümmer von gescheiterten Existenzen gewälzt … Es klang anders als der Atem der Berge, den man ebenfalls nur nachts hören kann, dieses Rauschen, das von unzähligen Bächen herrührt, die sich ihren Weg suchen.

Meine Bahn kam. Ich stand auf und setzte mich in Bewegung. Es war der Anfang des Weges, den niemand außer mir sah.

Das war's Leute, dachte ich. Viel Spaß noch, von mir aus schämt euch fremd oder schämt euch nicht, aber zieht euer Ding ohne mich durch.

Am nächsten Morgen war es dann tatsächlich so weit. Unsere Wohnung stand leer, ich schloss die Fenster und sah mich ein letztes Mal um. Von seinem Schlüsselbund trennt man sich logischerweise zuletzt. Bei meinen früheren Umzügen nahm ich noch stets den Nachschlüssel mit, schickte ihn lieber aus der Ferne zurück, nur um die Gewissheit zu haben, vielleicht noch einmal in die Wohnung zu können. Diesmal warf ich auch den Nachschlüssel ein.

Schließlich von der Ecke der Straße blickte ich noch einmal zurück: Hier hatte man also die letzten sieben Jahre verbracht, da oben im zweiten Stock, in der Grübelstube, und fast jeden Abend von einem anderen Schreibtisch, einem mit Bergblick, geträumt, einem Raum, der Licht und Luft atmet, über einer friedlichen Welt, weit weg von den Schinderhütten der Stadt.

Ob sich wirklich etwas ändern würde?

Ein Raumschiff aus Holz

Wenn du es nicht versuchst,
wirst du nie wissen,
ob du es kannst.
– Sprichwort aus Gilgit/Pakistan

»Wenn ich die Berge spontan malen will«, sagte mir einmal ein Bergmaler aus Saas-Fee, »kommen nur Haifischzähne heraus. Weiße Dreiecke auf Ultramarin … Schon komisch.«

Ob er das Bild Paul Klees *Föhn im Marc'schen Garten* vielleicht kannte? Auch hier glaubt man, im Hintergrund des Gartens Haifischzähne zu sehen …

Ich sah die Berge um einiges klarer. Sie würden mich schon nicht fressen, dazu war ich doch viel zu zäh! Doch es war auch nicht die »heroische Landschaft« Rilkes, die mich im Wallis empfing. Als ich nach hektischem Abschied hier eintraf, erschienen mir die Gratkanten der weißen Türme und Pfeiler noch lange wie Erinnerungsspuren an die zerschnittene Landschaft der Städte. Sie mochten weiter weggerückt sein, doch sicherlich nicht aus der Welt. Zwei Alpenrummelplätze – Zermatt und Saas-Fee – lagen eine Autostunde von hier entfernt. Doch das war noch das kleinste Problem.

Schon lange bevor die Maschinen anrollten und der sorgsam geplante Bau an einem seidenblauen Morgen begann, sah ich mich mit dem Drangsal der Ämter und Forderungen von mir bis dato unbekannten Behörden konfrontiert. Trotz Baubewilligung stand das Projekt bis zuletzt auf der Kippe.

Aus unerfindlichen Gründen hatten die netten Nachbarn plötzlich Einspruch erhoben, und selbst nachdem sich die Situation geklärt hatte, roch es noch immer nach einem Schwelbrand, der jederzeit auflodern konnte. Bauen, das war mir schon klar, bedeutet Krieg; und hier oben, in dieser paradiesischen Umgebung auf dem Aletsch-Plateau, wurde jeder Neubau doppelt kritisch beäugt. Jeder ist erst mal dagegen. Der eine glaubt, man verschandele ihm die Aussicht, dem anderen graut es vor der hässlichen Baustelle mitten in seiner gewohnten Idylle, die er am liebsten – so sind die meisten Menschen nun mal – nur für sich haben will.

Die Nacht vor dem großen Tag hatten meine Frau und ich kein Auge zugetan. Ich musste an Rilke denken, der keine Autostunde von hier – in Muzot – gewohnt hatte. Natürlich fand er ein gemachtes, durchaus zu ihm passendes Nest, ein turmartiges Schlösschen über dem Rhônetal. Sein Winterthurer Mäzen hatte das Château für den Dichterfürsten gekauft, und der blieb dort bis zu seinem Exitus wohnen, schrieb *Sonette an Orpheus* und beendete die *Duineser Elegien*.

So gute Freunde hat nicht jeder, der schreibt. Und das Dörfchen Muzot, das genauso lieblich, wie es ist, auch in der Provence liegen könnte, lässt sich schwerlich mit einer Alp auf fast 2000 Metern vergleichen. Wir sind hier oben nur ein paar Kilometer vom arktischen Mittelpunkt Europas entfernt. Die Baumgrenze endet quasi auf meiner Schwelle. Das Leitungswasser strömt vom Gletscher herab und die Luft ist selbst im Sommer recht scharf. Hinzu kommt, dass man den Ort – eine der wenigen autofreien Alpen der Schweiz – nur über eine Gondelbahn erreichen kann. Um 23 Uhr geht die letzte Gondel hinauf. Wer zu spät kommt, muss im Tal übernachten. Die holprige, unbeleuchtete Forststraße, die es noch gibt, ist für Autos verboten; ohne Ausnahmebewilligung sollte man nicht einmal daran denken.

Wir ahnten schon, dass die Geräusche, die wir im Morgengrauen hörten, vom Anrücken unseres Bautrupps herrührten. Ein Bagger und ein Kranfahrzeug, das der Bauleiter »Manitou« nannte – mehr wäre an größerer Gerätschaft nicht nötig, hatte er uns versichert.

Als ich auf das Grundstück an der Hängula kam, hatten die Arbeiter gerade mit dem Einrichten der Stelle begonnen. Noch einmal wollte ich mich anhand des Bauplans von der Ausrichtung des Chalets selbst überzeugen. *Location is everything*, hatte mir einmal ein Londoner Makler gesagt. Schon als meine Frau und ich hier zum ersten Mal standen, hatten wir die unwirkliche »Flugzeugperspektive« bemerkt, die der steilen Neigung des Hangs geschuldet ist. Der in die Ferne schweifende Blick entzieht einem den festen Boden unter den Füßen, man schwebt, steigt über dem Rhônetal auf. Nun ging es darum, diesen Ausblick in vier Wände hinüberzuretten, den Traum mit dem Zollstock zu erden. Doch die von meinem Freund Klaus vorgenommene Ausrichtung war nicht zu verbessern.

Mein Auftauchen wurde mit allgemeinem Erstaunen quittiert. Dass wir um die Ecke wohnten, also jederzeit in der Lage waren, nach dem Rechten oder Unrechten zu sehen, zauberte zuletzt doch eine Mischung aus Neugier auf das Gesicht des Poliers. Immerhin, man hatte mit dem Aushub lange gewartet – bis auf den letzten Tag der gesetzlich erlaubten Frist. Und warum auch nicht, denn mehr als ein paar Stunden würde man für diesen Flecken sicher nicht brauchen. »Nichts als Dreck«, so die lapidare Anmerkung des Poliers, der uns versicherte, das Gelände mit der Stange abgestochen zu haben. Mich wunderte das, denn um uns herum konnte ich überall verwitterte, bemooste Felsnasen sehen …

Der Mann lachte mich aus. Die Tatsache, dass es hier oben –

nur einen Steinwurf entfernt – ein Hochmoor aus der Eisenzeit gab, und dass das Weideland ringsum nach der Schmelze im Frühjahr versumpfte, schien meine Befürchtung ad absurdum zu führen. Im schlimmsten Fall, meinte er noch, werde man halt den Sprengmeister holen. Ein teures Zauberwort, dieses Wort Dynamit, und das erst recht am Vorabend einer »Bauruhephase« von Monaten. Zum einen war es fraglich, ob die Gemeinde da mitspielen würde, zum anderen sind Sprengmeister in den Sommermonaten zumeist ausgebucht. Als Realist mit einer Neigung zu vorsichtigem Pessimismus rechnete ich jedenfalls mit einem Anruf am Abend.

Er kam früher, nämlich bereits gegen halb vier. Der Bauplatz sei wohl »mit solidem Fels unterkellert«, hieß es jetzt, es würde nicht ohne Sprengungen gehen. Damit war ein erstes Kostenfass aufgemacht. Glücklicherweise hatte sich die Baufirma bereit erklärt, in diesem Fall die Sprengkosten zu übernehmen. Hatte ich eigentlich schon erwähnt, dass es hier oben strenge Reglements gibt, die dafür sorgen, dass die Erholungsbedürftigen wirklich die Ruhe finden, die sie suchen? Den Urlaubern steht eine Berglandschaft ohne das Dröhnen der an- und abfliegenden Hubschrauber zu, und ohne Baustellenlärm, den man hier oben kilometerweit hört.

Erstaunlicherweise wurde doch eine Ausnahme gemacht, und am Ende häufte sich ein haushoher Berg aus Felsen, manche so groß wie Findlinge, auf der Nachbarparzelle. Eine schöne, alte Natursteinmauer direkt auf der Grundstücksgrenze verschwand unter dem Aushub, der Baggerführer hatte sie wohl übersehen. Selbstverständlich wurde auch darüber geklagt, eine wütende Nachbarin verlangte eine Komplett-Entstaubung ihres Chalets und lief fast täglich laut schimpfend zwischen den stoisch vor sich hin wühlenden Bauarbeitern herum.

Das gesamte Areal ähnelte zu diesem Zeitpunkt einem

modrigen Schlachtfeld. Glücklicherweise hatte ich mir einen tüchtigen Mann mit Bauerfahrung an die Seite geholt: Erich Uhlmann. Wenn er auftauchte, waren die Spannungen zwischen erbosten Einheimischen und frustrierten Bauarbeitern nach wenigen Minuten gelöst. Er lieferte auch die entscheidenden Impulse für die Wiederherstellung der Umgebung. Oder das, was davon übrig geblieben war.

Um ehrlich zu sein, ich schämte mich manchmal zutiefst. Wie konnte es sein, dass ich dieser Verwüstung meiner geliebten Alp zugestimmt hatte? Einer merkte, dass die Sache anfing, mir an die Nieren zu gehen: Michael Eggel, ein Bär von einem Mann, der das Betonfundament setzen sollte. Er versicherte mir, in einem Jahr wäre hier oben »wieder alles beim Alten«. Die Matten erholten sich schnell und die Walliser seien nicht nachtragend. Überhaupt nicht. Trotzdem ging ich nun öfter am Abend auf Tour, um vom Wind verwehte Planen und Styroporkrümel aus dem Hochmoor zu fischen. Selbst den Wanderweg nach Goppisberg suchte ich ab: Sich nur nichts zuschulden kommen lassen und kein weiteres Ärgernis zu erregen, darauf kam es mir an.

Als die Baugrube endlich ausgehoben war und der Betonmischer zum ersten Mal lief, hatte der Herbst bereits Einzug gehalten. Vom Gipfel des Bättlihorns glitzerte der erste frisch gefallene Schnee zu uns herüber und die Lärchenwälder, die die Tunetschalp säumen, hatten sich rostbraun verfärbt. Angesichts der stabilen Schönwetterlage erlaubte ich mir, dem stillen Ruf der Berge zu folgen. Ich fühlte mich zum ersten Mal seit Monaten wieder frei. Das heißt, eigentlich kam ich mir vor wie ein »Bau-Deserteur«. Mein Handy ließ ich zu Hause zurück, denn ich erwartete anrückende Fliesenleger und Klempner; die Griffe der Fenster wollten noch ausgesucht werden.

Ohne mich.

Man sollte dann wandern gehen, wenn sich das Fleisch wie Mürbeteig oder Pudding anfühlt. Und genauso fühlte ich mich. Trotzdem schleppte ich mich aus dem Dunstkreis der Baustelle hinauf in die Berge. Der Kamm oberhalb unserer Alp ist ein nahezu perfektes Bergwandergebiet, das es erlaubt, leichte Etappen zu kombinieren. Mein Klassiker: Schnell rauf zum Bettmerhorn, von dort aus über den Grad zum Eggishorn mit seinem einmaligen Ausblick auf den Aletsch und die höchsten Walliser und Berner Oberländer Gipfel. Dann weiter über den Täligrat zum Märjelensee, dort rasten und am frühen Abend über den Weg am Gletscherrand westwärts zurück. Die erholsame Wirkung dieses Wegs hatte schon Sri Chimnoy gepriesen, ein New Yorker Yogi und Abgesandter der UNESCO, dessen Worte man auf einer Tafel etwas unterhalb der Bergstation Bettmerhorn nachlesen kann:

»Mit seiner stillen Weite, Schönheit und Kraft vermittelt der Aletschgletscher ein überwältigendes Gefühl des Friedens und der Freude, das uns an die Quelle der Schönheit erinnert. Möge dieser innere Frieden, der auf Liebe und Verbundenheit gründet, mithelfen, eine Welt der Harmonie unter allen Völkern zu gründen. Die innere Erfahrung von Frieden ist des Menschen höchste Notwendigkeit.«

Ja, etwas weniger Pathos hätte es auch getan, aber der Weg wirkte jedes Mal wie eine Kur.

Den Bettmergrat war ich schon früher durchgestiegen, als dort noch keine gesicherte Route bestand und man unterwegs mit schöner Regelmäßigkeit auf Steinböcke und Gämsen traf. Auch die Gletscherstube war damals nur halb so groß. Wenn man sich ihr durch das von Felsgeröll und Wollgras bedeckte Märjelenplateau näherte, wähnte man sich fast in einem anderen Jahrhundert, so entrückt wirkte der Ort.

Heute sind es im Sommer vor allem geführte Reisegruppen aus China, Wandervereine und Schulklassen, die den spirituellen Frieden aufmischen. Nicht dass sie stören, aber die meisten scheinen hier draußen die große Leere in ihren Köpfen zu spüren, und deshalb wird das Geplapper schnell doppelt so laut. Anfang Oktober sind die letzten von ihnen verschwunden, und der Geist der Stille kehrt wieder ein. Wer wirklich ruhebedürftig ist, dem ist diese Wanderung bei jedem Wind und Wetter zu empfehlen.

Gerne nehme ich auch einmal den Rückweg am Fieschergletscher entlang über die malerisch gelegene Burghütte. Unmittelbar vor dem Abstieg passiert man an der Märjelenwangen ein paar halb verfallene Gemäuer, von denen manche so aussehen, als hätte sie ein Senner in grauer Vorzeit erbaut. Ein Hauch von Melancholie und Wehmut liegt über den von schneereichen Wintern niedergedrückten Gemäuern; man spürt hier die Verwehung der Zeit und begreift den Menschen als temporäre Erscheinung, die sich ebenso gut aus der Natur wegdenken lässt.

Viele Berge gleichen aus bestimmten Perspektiven nicht umsonst den Bügen von Schiffen, ihre Kiele durchpflügen keine Meere, sondern unterschiedlichste Erden – Gneise des Tertiärs, mesozoische Kalkböden, Malmschichten des Jura, doch der heimliche Kurs dieser Riesen bleibt das äußerste Ende der irdischen Zeit. Uns ist nur ein kurzer Blick von der Reeling vergönnt.

Auch diesmal war die Reise über das Meer der Felsen erholsam. Erfrischt kehrte ich auf die Baustelle zurück. Dort warteten neue ernsthafte Probleme auf mich: Waren wir Anfang August noch von einer Anschlussmöglichkeit an eine bestehende Wasserleitung ausgegangen, so hatten wir inzwischen gelernt, dass die Kapazität einer alten Ein-Zoll-Leitung nicht mehr dem Schweizer Standard entsprach. Ein Brunnenmeister hatte sich wohl übergangen gefühlt und telefonisch seine Ansprüche angemeldet. Wir würden demnach eine eigene Wasserleitung anlegen müssen, querfeldein über die angrenzende Parzellen hinweg, gut und gern 180 Meter lang. Glücklicherweise kamen uns unsere Nachbarn Stefan Imhof und seine Schwester Luzia freundlich entgegen. Wahrscheinlich hatten sie Mitleid, denn sie ahnten wohl, wie dieses Malheur bei mir ankommen würde.

Die malträtierte Grünzone wurde nun ein weiteres Mal von einem kleinen Bagger benagt. Um der Gefahr des Einfrierens zu entgehen, legt man die Wasserleitungen hier oben in eine Tiefe von 50 Zentimetern. Eigentlich die Gelegenheit, in dem gerade entstandenen Graben auch Strom- und Telefonkabel zu verlegen. Allerdings in unterschiedlicher Tiefe.

Meine diesbezüglichen Anrufe bei Swisscom wurden zwar von einem Sachbearbeiter notiert, doch die Techniker tauchten nie auf. Später sollten wir feststellen, dass die Rohre zwar ins Erdreich versenkt, doch unter dem Thermoplast-Mantel statt elektrischer Leiter nur gähnende Leere verlegt worden war.

Überhaupt war es für Außenstehende schwer nachvollziehbar, wie sich die Handwerker koordinierten. Während die Bauschlosser noch immer auf der Betonplatte vor sich hin werkelten, begannen schon die Männer von der Holzbau AG mit ihren Arbeiten. Ein Baugerüst wurde errichtet, das Hämmern und Sägen der Zimmerleute begann. Dazwischen dann ein Elektriker darauf erpicht, die Anschlüsse im Detail durchzusprechen. Wir würden 38 Lichtquellen haben – für meine Verhältnisse ein Rekord. Hatte ich nicht den letzten Winter in einer schummrigen Charlottenburger Altbauwohnung verbracht, im Licht von drei mal 100 Watt? Doch da tobte auch draußen der »helle Wahnsinn« der großen Stadt, wo sie die Nacht am liebsten ganz abschaffen würden. Der Lichtsmog treibt die Menschen dazu, ihre Wohnungen nur noch indirekt zu beleuchen oder die Fenster mit dunklen Vorhängen »abzudichten«, damit es einmal richtig Nacht werden kann. Hier oben wurden wir zwar von Lichtreklamen und *skybeamers* verschont, doch der gefühlte Blackout einer Bergnacht kann fürchterlich sein, also besser ein paar Lampen zu viel.

Zudem hatten wir uns für eine Solaranlage entschieden, um die Südlage nutzen zu können. Die Sonne strahlt umsonst und durchschnittlich etwa 200 Tage im Jahr. Die grüne Energie steht nicht nur für Nachhaltigkeit, sie dämmt im Winter die Heizkosten ein. Nachdem der gigantische Solar-Kombispeicher – vom Kran angehoben – auf der Betonplatte aufgesetzt hatte und ich ein paar Tage später einen Blick in den sogenannten technischen Raum warf, schwante mir erstmals, dass hier keine Blockhütte, sondern ein lärchenholzverkleidetes Raumschiff entstand. Eine Überlebensinsel im Schnee, deren autarke Stromversorgungsanlage nicht nur die lebensspendende Kraft der Sonne einer künstlichen Thermopyle zuführte, sondern auch den Fußboden heizte, Kochplatten betrieb und die Platinen von Computern versorgte. Dutzende im Vorfeld getroffene und fast schon vergessene Entscheidungen stellten sich nun als richtig heraus: Der Verzicht auf ein Oberlicht (beschädige nie dein eigenes Dach!), die fugendicht gesetzten Balken der Wände (kein Fertigbau) und die großzügige Verglasung des mittleren Stockwerks (zusätzlicher Wärmespeicher) vermittelten bereits das Gefühl, dass dieser Bau einmal ein kleines Bijou werden würde. Die Anschaffung eines schlanken Cheminée-Ofens brachte dagegen ein neues Problem. Ich brauchte Holz, Feuerholz. Und das kam aus dem Tal.

In den letzten Tagen hatte es mehrmals geschneit und wieder getaut. Mit unangenehmen Folgen für die Zimmermänner, die jetzt in einem Schlammbad vor sich hin arbeiteten. Aus Bauholz wurden überall improvisierte Stege verlegt. Mir schwante, was sich hier im Frühjahr abspielen würde, wenn das Hochmoor abtaute. Glücklicherweise hatte die Baufirma eine Entwässerung des Geländes eingeplant. Eine Holzlieferung hier herauf würde dennoch kein Kinderspiel werden. Trotzdem brauchte ich Holz, am besten zwei Ster.

Als der Lieferant endlich kam, hatte Petrus wohl gerade sämtliche Schleusen des Himmels geöffnet. Ich sehe noch immer dieses Fahrzeug vor mir, das buchstäblich bis zum oberen Rand seiner durchdrehenden Reifen versank. »Hätte mir mal einer vorher gesagt, dass ich in einer Moddergrube anliefern muss«, schnauzte mich der erboste Fahrer an. »Und wie stellen Sie sich das Abladen der zentnerschweren Holzsäcke vor?«

Glücklicherweise hatte ich in den letzten Wochen gelernt, stets in Lösungsansätzen zu denken; mir fiel auf, dass ich einen Kran zur Verfügung hatte. An dem schwebte das Holz schließlich über das Schlammbett hinweg zum halb fertigen Haus, wo ich es nur noch dicht an der schon bestehenden Wand aufstapeln musste. Der Fahrer, der sich offensichtlich auf qualvolles Schleppen eingestellt hatte, bekreuzigte sich und verschwand.

Es begann die heiße Bauphase, in der man förmlich zusehen konnte, wie das Haus wuchs. Wie es jeden Tag mehr Gestalt annahm, wie da plötzlich aus Lücken und Löchern echte Türen und Fenster wurden und wie sich plötzlich eine Traufhöhe abzeichnete, obwohl es noch keine Dachrinnen gab. Die Zimmerleute und Schreiner von der Holzbau AG sind so gut wie ihr Ruf. Nicht umsonst waren die Männer am Bau der neuen Monte-Rosa-Hütte, dem »Bergkristall« unter den hochalpinen Hütten, beteiligt. Die zuvor im Tal zugeschnittenen Balken und Sparren fügten sich hier oben millimetergenau ineinander. An manchen Tagen stand ich einfach oben am Hang und sah ihnen bei ihrer Arbeit zu. Ohne Zweifel ist Holz immer noch einer der besten, wenn nicht der beste Werkstoff der Welt. Man vergisst immer, dass es die Blockhütten waren, die es den europäischen Aussiedlern ermöglichten, Amerika zu besiedeln. Unter den dortigen Zimmermännern der ersten Generation gab es nachweislich auch Schweizer, die wussten, wie aus geschälten und behauenen Stämmen im Nu eine heimelige Bleibe entsteht, der auch härteste Witterungen und extreme Schneelast nichts anhaben können. Holzhäuser sind nicht weniger haltbar als Häuser aus Stein und können – wie man hier in den Bergen hinlänglich sieht – Jahrhunderte überdauern.

Auch wir entschieden uns, wie die Aussiedler, für Vollholz und profilgesägte Balken, die im Baukastensystem aufeinandergestapelt wurden. Fünf Jahre arbeitet so ein Haus dann noch mit seinem Eigengewicht, um die letzten Spalten zu schließen.

Es bleibt ein lebendiges Haus, kein steinernes Gemäuer wie Rilkes Wohnturm, den der Dichter in einem Brief einmal als »schwere, rostige Rüstung« beschrieb. Ein Holzhaus lässt sich wahrscheinlich eher mit einer Rüstung aus Bambus vergleichen; sie ist hart und biegsam zugleich, was für Bewegungsfreiheit – auch geistige – sorgt.

Sehr spät im November tauchten die Dachdecker auf. Die Sparren waren längst unter Dämm- und Isoliermaterialien verschwunden. Ganze Stapel von dicken, anthrazitfarbenen Schindeln wanderten nun hinauf in luftige Höhe.

Noch waren die Doppelglasfenster nicht eingesetzt und im Haus gab es weder Türen noch Treppen. Wacklige Aluminiumleitern verbanden das Unter- und Obergeschoß. Sie quietschten leise und knirschten, wenn man sie nahm. Eines Abends kam Emil Elsig, unser Bergbauer, vorbei, und wir stiegen gemeinsam hinauf unters Dach, um aus den noch nicht verglasten Schlafzimmerfenstern zu blicken. Dank der bereits tief stehenden Sonne lagen das Rhônetal und seine Flussterrassen in jenem »unbeschreiblichen Licht« vor uns, das Rilke in seinen Briefen erwähnt hatte. Unter dem hoch gewölbten Himmelsbogen sahen wir Weisshorn, Matterhorn und Mischabel einträchtig liegen, und – fast zum Greifen nahe – das Bättlihorn mit seinen Hochschneezinnen, die gerade noch von der Sonne behaucht wie Kupfer aufleuchteten. Kein Viertausender, dieser Berg, aber – um es noch einmal mit dem Dichter der *Elegien* zu sagen – »ob es gleich doch schwere Berge sind, machen (sie) sich nie massiv, alles ist vor sie gestellt wie die Melodie eines Gobelins«.

Wer weiß heute im Zeitalter des T-Shirts noch, dass ein Gobelin ein kunstvoll geknüpfter Wandteppich ist, in den Bilder eingewirkt wurden? Gobelins fungierten im abendländischen Raum als Vorläufer der Tapeten, wobei das gestickte Ornament nie die Härte des seriell gedruckten Musters erreicht. Vor so einem »Hintergrund« stimmt einen der Bergblick stets froh und versöhnt auch mit den Nachrichten aus der durchgedrehten Welt, die es jenseits des Abgrunds vor unserem Haus zweifellos gibt, und die sich uns manchmal mit einem fernen Pfiff der Rätischen Bahn in Erinnerung ruft.

Doch dieser erste Blick aus dem Fenster sagte uns auch, hier oben war die Welt noch nicht in die Hände des Menschen gefallen. Es war die ungeschundene Welt, die wir fühlten, sinnhaft und schön.

Wir ließen jedenfalls den Abend mit einem Stück Bergkräuterkäse, Älplerbrot und einem Schluck trockenen Weißweins ausklingen, wahrscheinlich ein seltener einheimischer »Petite Arvine« oder eine andere Spezialität der Region. Erst um Mitternacht stiegen wir wieder im Licht einer Taschenlampe unsere Hühnerleiter hinab.

Als ich die nagelneue Tür hinter mir schloss, fühlte ich es zum ersten Mal: Der Rohbau war schon jetzt mein Zuhause. Aus dem Raumschiff aus Holz war ein Traumschiff geworden. Doch ein Betäubungsmittel für einen zivilisationsmüden Menschen wollte ich nicht darin sehen. Im Gegenteil: Sämtliche idealistischen Vorstellungen vom Bergleben hatten sich im Zuge der Bauarbeiten in Luft aufgelöst.

Inzwischen hatte es erstmals hefig geschneit, und ein Temperatursturz sorgte dafür, dass die weiße Pracht liegen blieb. Immerhin, gut die Hälfte der Schindeln war schon auf dem Dach, im Untergeschoss gab es Fenster und schwere Holzrollläden, die die Kälte abhielten. Auch die kupfernen Dachrinnen und zwei Schornsteine waren bereits montiert. Von Weitem, von der Aletschpromenade aus, wirkte das »Raumschiff« bereits wie ein fertiges Haus, das durch seine exponierte Lage jede Menge Aufmerksamkeit auf sich zog. Schon sprachen die Leute vom »lärchigen Haus« und munkelten, dass dort ein deutscher Schriftsteller wohne.

Doch der hatte wieder mal Sorgen, die so gar nicht zu einem Schriftsteller passten: Schreiner, Bauschlosser, Fliesenleger und Monteure traten sich auf die Füße und oft galt es, knifflige Fragen in vielen Dialekten und Sprachen zu klären. Das schönste und klarste Deutsch, das ich hörte, sprach ein Iraner.

Meine Frau »floh« zu diesem Zeitpunkt nach Holland, nach Amsterdam. Die sprichwörtliche Bergeinsamkeit machte ihr doch sehr zu schaffen. Mit gemischten Gefühlen sah ich zu, wie sie mit der Seilbahn verschwand. Doch selbst jetzt – während es Rechnungen hagelte und ich wieder Post von der Gemeinde bekam – konnte ich in den Bergen kein Haifischbecken erkennen. Die Gebirgler sind grantig, aber fair, mit solchen Menschen lässt es sich auskommen. Wer es allen recht machen will, sollte nie das wahrste aller Walliser Sprichworte vergessen: *Sei immer gut, doch nie zu gütig, sonst werden die Wölfe leicht übermütig.* Diese von Peter von Roten formulierte Spielregel dürfte allerdings in den meisten Teilen der Welt funktionieren. Es geht dabei um die Symmetrie zwischen Geben und Nehmen.

Inzwischen hatten wir uns zu dem Entschluss durchgerungen, das Jahresende in Berlin zu feiern. Die Aussicht, eingeschneit in einem spärlich eingerichteten Haus, in Schlafsäcken und unter nackten Glühbirnen zu verbringen, verströmte zweifellos eine Portion existenzialistischen Charme, doch aus dem Alter waren wir raus.

Meinen Umzug vom Chalet Basilisk, wo ich seit zwei Jahren die endlos langen Walliser Sommer verbracht hatte und Romane wie »Subs«, »Endstufe« oder »Kuhls Kosmos« schrieb, zum neuen Haus bewerkstelligte ich im Alleingang mit einem uralten Schlitten, auf dessen Kufen man zur Beschleunigung des Gefährts aufspringen konnte. Wie Igor, der bucklige Schlittenfahrer aus Polankis *Tanz der Vampire*, sauste ich unterwegs gelegentlich an den ersten Skifahrern vorbei. Nach der dritten Fuhre machte es sogar Spaß. Der Bauleiter von der Holzbau AG hatte schon recht gehabt, der Neuschnee werde das Zügeln² erleichtern. Tatsächlich war der Hausrat innerhalb von drei Tagen verfrachtet. Ein Tisch zum Schreiben und ein Bettgestell wurden mit einem Raupentransport zum Haus befördert und aufgestellt, sodass ich zumindest, nach der Bauabnahme, nicht im Schlafsack auf dem Boden nächtigen musste. Klaus Diers und seine Frau Lotti brachten mir noch zwei ziemlich »extravagante« Stühle und eine Auswahl an Pfannen und Töpfen vorbei. Natürlich waren sie enttäuscht, dass ich die nächsten Tage nach Berlin abreisen würde, doch die Gründe – nichts zu überstürzen und das alte Leben mit Vernunft abzuschließen – leuchteten ihnen ein.

Nach der Bauabnahme setzte ich mich erst einmal auf den Balkon und zündete vier Windlichter an. Lange Zeit lauschte ich so in die Stille hinein und besah mir die Berge, die im ers-

---

2   Schweizerdeutsch für »Umziehen«

ten Mondlicht matt glänzten: Und jetzt, jetzt konnte ich auch sehen, was der Bergmaler gemeint hatte: Weiße Dreiecke vor Ultramarin … Doch es waren keine Haifischzähne, sondern hohe, steinerne Wellenbrecher, die mich schützten.

Auch die Nacht, die die Stadt durch ihre Festbeleuchtung zu bannen versucht, sie hatte hier oben ihre Schrecken verloren. Sie war nicht unbedingt schön, sondern glich eher einem Zustand von Amnesie, in dem die Welt wieder jung und unverbraucht war. Dicke Schneeflocken ermahnten mich, dass es Zeit war, nach drinnen zu gehen. Der erste Schritt war getan – das lang ersehnte Leben in den Bergen, jetzt konnte es kommen. Ich telefonierte noch mit meiner Frau und ließ sie hören, wie ich von innen die Haustür mit »ihrem« Schlüssel abschloss. Keine Vorsichtsmaßnahme, sondern weil ich wollte, dass sie mit eigenen Ohren hörte, dass dieses nervenaufreibende Kapitel unseres Leben, endlich abgeschlossen war. Das Haus stand. Die Solaranlage wandelte bereits Sonnenenergie in spürbare Lebensqualität um. Ich duschte zum ersten Mal wieder warm, ich kochte mir etwas Warmes zu essen, ich spielte Lightshow mit der Außenbeleuchtung. Es war – wie man hier sagt – alles tipptopp.

»Wenn es möglich war, das hier mit meinem Leben zu machen«, notierte ich mir, »dann sind Wunder tatsächlich noch möglich.«

Mit dem Gefühl, endlich – vielleicht zum ersten Mal in meinem Leben – wahrlich geborgen zu sein, schlief ich ein.

Märzenmai

I-MAGO

3. März   Gibt es das magische Bild? Das Herzensbild,
das uns leitet? Ich erinnere mich, dass ich als kleiner
Junge eine Postkarte neben meinem Bett festgepinnt
hatte. Verwandte oder Bekannte hatten meinen Eltern
aus den französischen Alpen geschrieben. Wahrscheinlich
hatte ich sie einfach aus dem Abfall gefischt. Es war
Kitsch, ein flott retuschiertes Bild von einem weißen
Berg jenseits einer sonnenbeschienenen Matte, rechts
und links rahmten dunkle Tannen bedeutungsschwanger
die Aussicht. Obwohl es sich um eine kolorierte
Schwarz-Weiß-Fotografie handelte, wirkte alles
erschreckend echt, ja, fast dreidimensional.
Nachts, wenn draußen im Wohnzimmer der
trunksüchtige Vater tobte, mein kleiner Bruder sich die
Ohren zuhielt und mir schon abends vor dem nächsten
Tag graute, leuchtete ich mit der schwachen Funsel neben
mir an die Wand, und schon leuchtete das Bild der Berge
in mein Elend hinein, ja, es schien fast so, als wäre die

Raufaser an einer Stelle durchlässig geworden, als gäbe
es jenseits des Stahlbetons noch eine andere Welt. Am
besten funktionierte der Effekt, wenn ich die Lampe
nur kurz aufleuchten ließ: Da wollte ich hin. Ganz
klar, es war das Gegenteil von dem, was ich kannte, das
»Kameruner« Getto mit seinen grauen Wohnsiedlungen
im Dunstkreis der chemischen Industrie. Heute erscheint
mir die Gegend mehr denn je wie ein fremder Planet.
Ich kann immer weniger nachvollziehen, wie man in
so viel Hässlichkeit und Elend auch nur einen Tag alt
werden kann.

Mein blaues Herz
12. März Die Romantik hat ein echtes Imageproblem:
Sie ist nicht käuflich, hat keinen Preis. Das gilt heute
als Manko. Sie passt halt nirgendwo rein, in keinen
Konsumtempel, in kein noch so fein herausgeputztes
Regal.
Generationen von Künstlern verehrten die Romantik
für ihren Selbstzweck, weil sie in ihr das höchste
kulturelle Abenteuer der Menschen erkannten, den
Mythos von der unsterblichen ewigen Liebe, der selbst
der Tod nichts anhaben kann.
Niemand will heute mehr die unsterbliche Liebe. Wie
der Romantik fehlt auch ihr jeder Warencharakter, sie
passt einfach nicht mehr zu Menschen, in deren Leben
es nur noch um Bequemlichkeit geht. Es stimmt, die
Leute haben keine Lust mehr, um etwas zu kämpfen.
Warum auch, wenn alles, was sie kennen, auf Käuflichkeit
baut? Romantisch zu sein, heißt, neu zu erschaffen, sich
einem Kampf auszusetzen. Man muss seinen Hintern
bewegen, muss bereit sein, sich die Hände schmutzig zu
machen und bis zum Hals durch irgendeine Scheiße zu

waten – um den Segen der Anstrengung zu erfahren.
Es widerspricht dem, was man den Leuten heute
erzählt: Du kannst reich, satt und glücklich werden,
indem du vor deiner mit Apps gefüllten Kiste sitzt und
einfach nichts tust. Wer in so einer Kultur aufwachsen
muss, der wird es verstörend empfinden, seinen Kokon
zu verlassen, nach draußen in die Berge zu gehen,
wo es oft kalt, neblig und regnerisch ist. Und eben
wildromantisch. Aber das findet nur der raus, der
geht.

Die Quelle

20. März Je länger man die Natur betrachtet, umso
mehr erscheint die Kunst als armselige Nachäfferei. Was
ist alle Ölmalerei dieser Welt gegen eine Wiese mit
ihren lebenden Farben? Was ist alle Bildhauerei gegen
die Berge?
Wer kam überhaupt auf die Idee, er könne es besser?
Und was sagt man erst zu diesem Himmel, dessen
Wolken sich wie rotes Gefieder über dem Gipfel des
Tunetschhorns spreizen?

Sternennacht

17. März Wunderbare sternklare Nacht, man glaubt,
fast an die Grenzen des Universums schauen zu können,
so viel milchige Staubfahnen hängen über unseren
Köpfen …
Seien wir ehrlich: Nichts in meiner Umgebung lässt
auf die Existenz eines *jenseitigen* Wesens schließen. Für
X – Gott, das große Unbekannte – besteht jenseits
des Universums kein ersichtlicher Grund. Die Frage
nach seiner Entstehung ist ebenso sinnlos: Wenn X das

Universum erschaffen hat – wer hat dann X erschaffen? Gott bleibt nicht nur eine Idee ohne Objekt, sondern auch eine Idee ohne Genese. Man kann es genauso gut bei einem, dem ersten Universum, das sich selbst erschaffen hat, lassen.

Über die Schöpfung auf diesem Planeten lässt sich dagegen eine Menge Eindeutiges sagen: Sie ist ein getriebenes und sich ständig erschaffendes Wesen – was flackert da nicht alles, zuckt, wabert, zittert in der Schnittmenge von Werden und Vergehen.

Während man den »Glauben« (ganz gleich an wen und was) als einen Widerspruch gegen die Wirklichkeit einstufen kann, ist die Erkenntnis, dass es eine Schöpfungskraft gibt, eine Tatsache.

Wer dennoch betet, der sollte in sich den Ableger der höchsten Kraft sehen, sich selbst erhören und etwas für sein eigenes Fortkommen tun. Man sollte sich selbst gegenüber stets anmaßend sein. Der Schuh ist selten eine Nummer zu groß.

Umsatteln

22. April Meine Frau und ich sind sehr unterschiedliche Menschen. Sie liebt das Meer, hatte es immer geliebt, in der Ägäis einer hellenischen Traumwelt hätte sie sich bestimmt aufgehoben gefühlt. Ich dagegen liebte schon immer die Berge. Was uns dennoch tiefer verband? *Wir wollten nicht in der Stadt sterben.* Punkt. Irgendwie kam das Thema immer zwischen uns auf, wenn wir abends in der Küche saßen, Tee tranken und an Auswege dachten, die es – wie wir heute wissen – nicht gab. Wir nannten es manchmal *Umsatteln,* – unsere unterbezahlten Künste an den Nagel hängen und stattdessen etwas Handfestes lernen. In den Zeitungen las man gelegentlich von

»zivilisationsmüden Menschen«, die freiwillig und unentgeltlich Alpen bewirtschafteten oder sich hierin den Bergen als Hirten verdingten. Wir sahen uns dann nur ungläubig an.

Die Bürde

26. April   Die Leute aus der Stadt – hier oben werden sie auch *Problemmenschen* genannt. Dabei sind nicht die Sportskanonen gemeint, die sich hier – eine fröhliche Leere in den Augen, mal auf Brettern, mal auf Rädern – von den Steilhängen stürzen. Mit Problemmenschen sind die Menschen gemeint, denen man gelegentlich an den einsamsten Stellen im Wallis begegnet und die an einer Last tragen, die man nur ganz kurz im Vorbeigehen spürt. Ob ich einer von ihnen bin?

Cholera

27. April   »Jeden Abend um 18 Uhr *Cholera*.« Als ich das Wort zum ersten Mal las, stand es im Aushang einer Beiz, und ich dachte, der Koch, wahrscheinlich ein Deutscher oder Italiener, hätte sich da wohl etwas zusammengereimt: *Spaghetti Salmonella*, *Schissburgers*, *Resti*, *Tagesshit* – tatsächlich ist man so einiges an frivoler Rechtschreibung von Berggastronomen gewöhnt. Als ich dann zum ersten Mal einen Teller Cholera sah, musste ich feststellen, dass es zumindest optisch einige Ähnlichkeit mit den Folgen eines Galleerbrechens aufwies, wahrscheinlich lag das an der Farbe des Lauchs. Kurz und gut, die warme Küche des Hirtenvolks – meine Sache ist sie sicherlich nicht. Müsste ich zwischen Raclette, Polenta, Käsefondue und dem Cholera genannten Gemüsekuchen wählen, ich wüsste mich

jederzeit wieder für eine einfache Brotzeit oder
Heusuppe zu entscheiden.

Nichts vernommen
1. Mai Während sich heute in Berlin und Hamburg
Spaßrandalierer und Polizisten die Köpfe einschlugen,
stieg ich in aller Ruhe durch den Arvenwald über einen
Teppich frisch erblühter Alpenrosen zum Eggishorn auf.
Unter dem Getürme führte der Weg über Steilgras und
grüne Wiesenpolster hinauf, dazwischen immer wieder
die bläulichen, von kleinen Felsnasen herrührenden
Schatten, die, wenn Föhn aufkam, zu zittern begannen …
Ein paar Dohlen leisteten mir freundlich Gesellschaft,
als ich gegen eins unter dem frisch eingeschneiten
Gipfelkreuz saß.
Sieh einer an, der ewige Kurgast … Auch wieder da?
Das Eggishorn galt dem bekannten Alpinisten Walther
Flaig als schönster Aussichtsberg der Schweiz. So frei
wie im Ausguck eines Schiffs stehend, hat man die
mächtigsten Viertausender der Berner und Walliser
Alpen im Blick, und gleichzeitig den größten Gletscher
Europas – »das Eiswunder Grönlands auf Schweizer
Boden« – vor Augen. Auf der südwestlichen Seite
schweift der Blick ins Rhônetal ab, erst weit hinaus
und dann wieder aufwärts zu den Gipfelwelten des
Monte Rosa hinüber, wo sich links vom Weisshorn das
silbergraue Matterhorn zeigt.
Es ist de facto eine andere Welt. Eine Schriftstellerin
kannte ich mal, die sich *die kleine Antifee* nannte und
jedes Jahr am 1. Mai mit einem Grillanzünder von
Aldi ausrückte, um irgendeinen fahrbaren Untersatz
abzufackeln: »Direkt unter den Radkasten legen, weil das
so schön windgeschützt ist.« Es ist kaum vorstellbar, dass

diese Heldentat 2003 im Kreis von Kultur-Funktionären im Literarischen Kolloquium erzählt wurde und es niemanden gab, der die Geschichte *nicht lustig* fand. Wer gerade angesagt war, hielt vorsorglich den Mund und verschanzte sich hinter einem Glas Vino Rosso. Ich dachte mich schon damals weg, weit weg in die Berge, wo man solchen verwirrten Seelen erst gar nicht begegnet.

Erst am Nachmittag verließ ich meine Höhenstation und nahm den Tälligrat talwärts, der auf mittlerer Höhe zur Fiescheralp führt. Von dort wanderte ich über die ehemalige Furi-Hütte ruhig nach Hause.

Trost und Reserve

4. Mai   Heimat – ein anrüchiges Wort für einen Deutschen. Vor allem, was macht einer wie ich, der gleich drei, vier Orte als »Prägegrund« angeben kann. Frankfurt, London, Amsterdam … Ich glaube, Heimat ist vor allem ein Rückzugsgebiet, wo man sich nicht erklären muss und seine Tränen in Ruhe trocknen lassen kann – eine mit Alpblumen geschmückte Wiese zum Beispiel. Auf dem Rückweg von Blatten, am Eingang zur Massa-Schlucht, lag ich genau auf so einer Wiese und sah den behäbig flatternden Apollofaltern zu. Obwohl ich hier nicht geboren bin, fühlte ich mich im besten Sinn »heimisch«.
Ich musste heute an meine Großmutter denken, deren Todestag sich zum 18. Mal jährt. Ich mochte ihr französisches Temperament, ihre natürliche und ungekünstelte Haltung. Ihr Mann nannte sie Bobby, warum, weiß ich nicht. Ich erinnere mich, dass sie es war, die mit mir übte, Schmetterlinge, Blumen und Amseln zu zeichnen.

Die Sommer meiner Kindheit hatte ich mit ihr in Walsdorf, auf einem Bauernhof im Taunus verbracht. Während sie arbeitete, stellte ich den Bläulingen nach oder spielte mit den Katzen des Hauses. Abends las mir Großmutter oft stundenlang vor, wir lagen in einem großen Bauernbett; ich erinnere mich, wie kalt und hart das Leinenzeug war, aber ihre Stimme neben mir war dunkel und sanft und ich wurde nicht müde, den Staubteilchen nachzusehen, die dem Lichtschein der glockenförmigen Nachttischlampe entschwebten. Seufz. Damals kam ich wohl auf den Geschmack an der Melancholie.

Begegnung
6. Mai   Im Binntal Käse gekauft: Selbst hier das Gefühl, neue Freunde gemacht – und ein kleines Fest mit Fremden gefeiert zu haben. Während man in der Stadt bemüht ist, Distanz zu wahren, gibt man hier immer mehr von sich preis. Vielleicht liegt es an der Abgelegenheit dieser Täler oder auch einfach an der Tatsache, dass der Käser ein arbeitsloser Kunsthistoriker und ehrenamtlicher Sterbebegleiter aus Düsseldorf und der Kunde ein kürzlich immigrierter deutscher Schriftsteller war.

Abwesend
22. Mai   Diese Leichtigkeit, nicht mehr vorhanden zu sein … ein wirklich gutes Gefühl. Cannetti hätte vielleicht von einem »Nimmernutz« gesprochen, einem, der nicht mehr zum Lager der nützlichen Mensch-Gerätschaften zählt.
Das Schönste: Auch Entscheidungen *contre cœur* gehören

der Vergangenheit an. Denn niemand führt einen hier in
Versuchung, zum eigenen Vorteil zu lügen.

Schon in jungen Jahren deckt der positiv handelnde
Melancholiker die Kosten des Lebens mit einem
Vorschuss auf eine Abgeklärtheit, die andere erst im
fortgeschrittenen Alter, nach unzähligen Schandtaten,
Pleiten, geschiedenen Ehen und anderen selbst
verschuldeten Miseren, erreichen. Im Zeichen eines
Prinzips, das man universelles und sich beständig
fortpflanzendes Unrecht nennen könnte, erübrigt sich
für den Weisen jeder Gewissenskonflikt; die Bandschleife
läuft so ab, wie sie ablaufen muss, das Ergebnis lässt sich
in jedem Fall akzeptieren. Vorsichtig wie er ist, lebt er
daher in einer asketisch anmutenden, aber durchaus
genussvollen Entfernung vom Trubel der Welt, um die
Entstehung eigener Schuld zu minimieren.
Wer physisch nicht anwesend ist, kann sich schwerlich im
Getriebe des allgemeinen Weltunrechts verstricken.

Aus
24. Mai Der Tod kann für uns nicht mehr sein als die
»Faust im Nacken«, die einen ermahnt, bewusst zu leben
und etwas aus diesen so schnell verrinnenden Jahren zu
machen. Man hat nicht ewig Zeit, das sagt der Tod. Wer
nur in den Tag hinein lebt, der muss sich nicht wundern,
wenn er die Möglichkeiten des Lebens verpasst.
In der Regel stirbt man am Leben in seiner Gesamtheit,
nicht an Monokausalität. Man sollte sich daher nie fragen,
ob man an Krebs, Hirnschlag oder Herzinfarkt sterben
wird. Ich habe beschlossen, an einer Überdosis Schönheit
zu sterben. So rum geht es auch.

Flügel und Wurzeln
27. Mai   Der Mensch hat Flügel und Wurzeln, die
er am besten von Zeit zu Zeit kombiniert. Selbst die
Pusteblume weiß darüber Bescheid, sonst wäre der gelbe
Löwenzahn nicht überall auf den Matten zu finden.

Blaue Flecken
28. Mai   Ein Gewitter zog plötzlich auf – der lila
Himmel erinnerte mich plötzlich an einen »blauen
Flecken« (sie heißen nun mal so, selbst wenn sie in
Wirklichkeit gelb, grün, violett und braun sind) an
meiner Hüfte. Ich erinnerte mich plötzlich an mein
geliebtes *ATK*-Training und den Meister »Mon Ami«
Herve Batail, dem ich eine Weihnachtskarte mit meinen
schönsten Blessuren geschickt hatte. Was hatten wir doch
für einen Mordsspaß! Und was waren da für schöne
Farben dabei! Wenn es wirklich etwas gibt, das ich hier
oben vermisse, dann ist es das Training. Ich habe zwar
einen Sandsack hier oben und übe jeden Freitag mit
einem japanischen *Katana*[3] eine halbe Stunde im Garten,
doch irgendwie ist es nicht dasselbe. Der Sport ist mir
nach wie vor einfach ein soziales Bedürfnis, das sich hier
oben leider nicht befriedigen lässt.

3   japanisches Langschwert

VIERTES KAPITEL

Ich war schon immer ein Montagnard

Unter Indianern!

Wer könnte es den Menschen
des 20. Jahrhunderts verübeln,
dass sie sich nach Gemeinschaft sehnten?
– WILLIAM T. VOLLMANN »EUROPE CENTRAL«

Wir kehrten gemeinsam zurück, als der letzte Winterschnee
schmolz und an seiner Stelle Zigtausende weiße Krokusse aus
der Erde sprossen. Ein Enzian blühte bereits vor dem Haus.

Nach dem ersten Föhn ging alles in Windeseile. Man
schloss die Augen und wenn man sie wieder öffnete, hatte sich die Zahl der Blüten verdoppelt. Mitte Mai sprudelte
plötzlich ein Gebirgsbach durch unseren Garten. Er schwoll
dermaßen an über Nacht, dass wir die improvisierten Stege
aus Bauholz erneut auslegen und die Gummistiefel aus der
Kammer holen mussten.

Die ersten Wochen waren nicht leicht. Das Gefühl, aus der
Zeit herausgefallen zu sein, traf uns unvorbereitet und mit
Macht.

Es war vorbei mit dem bequemen Mittelklassedasein, dem
Herumlungern am Stuttgarter Platz oder den Frusteinkäu-
fen in der Lebensmittelabteilung des KaDeWe. Der schwindelerregende Ausblick vom Wohnzimmertisch aus, die von
Bergen abgesteckte Zentralperspektive, in deren Fluchtpunkt

sich das Matterhorn zeigt, schien das Zeitempfinden zu dehnen, wir erlebten die hoch gepriesene Entschleunigung intensiv am eigenen Leib. *Come up, slow down* ... Wir konnten ja gar nicht anders.

Wir tauften unser Chalet *Nirvana*, was im Sanskrit den Austritt aus dem weltlichen Kreislauf des Leidens und der Wiedergeburten bedeutet. Das traf die Sache genau. Bedeutete es nicht auch Loslassen, Verwehen, vor allem das Ende der falschen Vorstellungen von sich selbst? Zumindest schien dieser Name besser zu unserer exponierten Lage zu passen als *High 7, Alpenrösl, Chesa Lumpitz* oder *Casa d'Amore.*

Schon gegen fünf, halb sechs wurden wir immer wach, manchmal noch in tiefschwarzer Nacht. Wir liebten es zuzusehen, wie die ersten Sonnenstrahlen zaghaft die Berge bestrichen. Die Spitzen der Viertausender – ein gutes Dutzend liegt hier schräg gegenüber – schienen als Erste sanft zu erröten. Die Hochnebel wurden zu goldenem Staub, die erst farblosen Konturen der Rippen, Pfeiler und Grate gewannen über das Spiel der Farben an Tiefe. Dieses Schauspiel erleben zu dürfen, das verlieh jedem Tag einen besonderen Glanz, eine Art Heiligenschein ...

Wo waren wir hier gelandet – etwa an einem heiligen Ort? Dem Städter und gewohnheitsmäßigen Nihilisten dürfte es schwerfallen, jetzt nicht zu lachen, und doch stand diese Frage plötzlich für uns im Raum. Gerda hatte sich zwar seit Jahrzehnten mit vedischer Philosophie und Vajrayana-Buddhismus beschäftigt, doch auch sie hatte mit dieser Gegenwart einer sich andauernd ändernden und um Andacht fragenden Schöpfung zu kämpfen. In allen Weltreligionen gilt der Berg als Ort der Errettung und Hochaltar der Schöpfung. Dass so viele Menschen – ganz gleich welcher Herkunft – in den Bergen etwas Erhabenes (wieder so ein Wort) sehen, lässt sich nicht allein durch das Maß des ästhetischen Eindrucks erklären: Es ist die Manifestation einer Welt vor dem Menschen, vor allem Leben, vielleicht sogar einer Erde *vor* Gott, die tellurische *terra mater*, die so für Jahrmillionen existiert hat, eine riesige Masse an Zeit und Möglichkeiten, die den Menschen noch stets relativiert: War er, der Mensch, überhaupt jemals da?

Die tibetischen Buddhisten erkennen in ihren »Schneejuwelen« die Einheit der Dinge und zugleich die Leerheit ihrer Erscheinung. Das Empfinden von Schönheit läuft hier auf die Vorstellung einer inneren Befreiung von Denkmustern, Überzeugungen und Ansichten hinaus. Und einer Existenzweise jenseits der »filmartig ablaufenden« Zeit unserer Städte.

Es zog uns nun immer öfter hinaus: Vor allem ins nahe gelegene Binntal oder zum Turtmanngletscher, wo das Bishorn bei gutem Wetter seine schöne weiße Rampe in den Himmel zieht. Jeder Tag war eine Entdeckungsreise, eine kleine Expedition. Zeit hatten wir mehr als genug. Oder nicht?

Das Gefühl des »Außerzeitlichen« lässt den Wanderer die Essenz der Dinge genießen; ohne Hast, im *Stillstand*, und fern der fixen Idee von Höhe als Schranke, gegen die nur der geistig unreife Mensch immer wieder anrennen muss, um sich zu beweisen. Es reicht, die Augen zu öffnen, und siehe da – der Geist wird still wie in der Meditation, bewegt sich in gar keiner Richtung, wird zum Berg. Diese *gravitas* spürt man unten im Tal. Hier zieht sie uns wie mit magnetischen Kräften hinauf.

Die Schweizer Berge sind nicht nur im Wallis für eine Postkarte gut, selbst dem lausigsten Knipser gelingen hier Aufnahmen, die beeindruckend sind. Jeder Felsen, jeder Wasserfall scheint ein Geheimnis zu bergen. Jeder Baum scheint hier mehr zu sein als ein Baum, er steht für Natur und Kultur gleichermaßen.

Holz ist *der* Rohstoff der Schweiz, das gilt sogar für Menschen: Einer der »us rechtem Holz geschnitzt« ist, gilt hierzulande noch immer als ganzer Kerl mit gutem Charakter.

Geht er dann noch jährlich einmal »ins Holz« und spielt mit der Motorsäge so feinfühlig wie andere mit der Harfe, dann sehe ich meinen Nachbarn Martin vor mir, dem ich kürzlich beim Fällen einer Föhre zur Hand gehen durfte. »Komm mal her!«, rief er mir so im Vorübergehen zu.

»Kannst mir eben mal helfen …« Wenig später hatte ich einen Strick in der Hand, und an dem musste ich ziehen, während Martins Kettensäge die Fallkerbe vertiefte. Das Einschlagen eines Keils war nicht mehr nötig, der Baum sank sanft zu Boden. »Danke, das war's.«

»Na, dann … Dir noch einen schönen Tag!«

»Adé!«

Martin ist nicht nur der »Holzmeister« dieser Alp, er ist irgendwie auch aus dem richtigen Holz. Nähme man einmal an, der biblische Gott hätte jedes Volk aus einem anderen »Lehm«, sprich, einem anderen Werkstoff gemacht – die Deutschen beispielsweise aus Hopfen und Malz, die Italiener aus Kaffee und die Griechen aus Feta –, den Schweizer hätte er sicherlich aus Holz hergestellt. Goldbraunes und dezent gemasertes Lärchenholz, was heute wieder den Alpenbarock der Chalets dominiert. In Kombination mit den verwegen aussehenden, aus den Siebzigern stammenden Sanitärzellen, die man oft im Dunstkreis einer Gondelbahn findet, wird selbst die stilistische Brücke zum Liebhaber von Tarantino-Filmen geschlagen. Ja, Holz ist und bleibt modern.

Besieht man sich dieses Land der Minderheiten aus der Perspektive eines düpierten Europäers, dann bleibt einem nur die neidlose Anerkennung einer überragenden Zivilisationsleistung namens »das Land« als Gesamtkunstwerk eines echten Kulturvolks, das nie seine zahlreichen Wurzeln verlor. Von Indianern im schlechtesten Sinn keine Spur. Dabei spielt es auch keine Rolle, ob die Hälfte des Landes wild und unwegbar ist, vielleicht ist es gerade der Umstand des Unvernutzten und Unwegbaren, der das Land zu dem macht,

Ein Raumschiff aus Holz.

Schreibtisch mit Bergblick.

Der große Aletschgletscher
die längste Eisbahn Europas.

Wanderful: Auf dem Weg zum sommerlichen Märjelensee.

Das Bietschhorn am Ende des Baltschiedertals. Ich kam gerade noch rechtzeitig zum Sonnenuntergang. Im Vordergrund Steinmännli an der Baltschiederklause.

Die Rückseite des Matterhorns (links).

Gletschersee und Eisabbrüche am Aletsch.

Fast nach jedem Regen stehen solche farbenprächtigen
Himmelsbrücken über dem sich verengenden Rhônetal.

Sieben Meter Schnee waren die große Herausforderung
in unserem ersten Winter in den Bergen.

Schneeschippen
oder – stampfen?

Schneegräben am
Morgen danach.

was es ist – ein in weiten Teilen naturbelassenes Terrain. Und die Schweizer, bei aller Aufgeschlossenheit gegenüber Innovationen (man denke nur an das Erschmatter Heliodome), sie denken gar nicht daran, die Naturgesetze für abgeschafft zu erklären. Zum einen ließe sich diese Anmaßung schwerlich durchsetzen, dazu sind Naturkräfte einfach zu stark, zum andern widerspräche sie auch dem Schweizer Charakter: Ein guter Ton in allen Lebenslagen sorgt stets dafür, dass man die Aufstände der Natur, selbst ihre dreistesten Überfälle gelassen erträgt.

Das hat noch weitere Vorteile. Dank der vertikal geschichteten Masse des Landes sind Schweizer schwerer füreinander zu erreichen, ein nicht zu unterschätzender Vorteil, wenn man bedenkt, wie viel überflüssige Kommunikation sich tagsüber einen Weg bahnen will. Hier oben geht mein mit Worten eher knauserig um. Oder behutsam, so wie mein Nachbar Emil, der so spricht, als habe er jeden Satz vorher noch einmal in Gedanken kurz redigiert. Das Gegenteil zum fahrigen Plappern.

Wenn es ein Zeichen von Hochkultur war, sein Brot in Ruhe und ohne Hast (früher hätte man in Gottvertrauen gesagt) zu verdienen, dann wären die Bergbauern, Schafzüchter, Käser und Hirten so etwas wie die letzten echten Kulturmenschen Europas, ein Überbleibsel aus den Tagen vor der industriellen Revolution. Erst der Fortschritt schob den Lebensraum des Menschen die schroffen Berge hinauf. Die Seilbahnen brachten die »Geldmenschen« an, aus vielen Freien wurden Tourismuslakaien, von denen der Pistenplünderer – einer, der im Frühjahr die abgeschmolzenen Pisten nach »verlorenen Schätzen«, zum Beispiel Uhren und Sonnenbrillen, absucht – wohl zu den traurigsten Mischformen aus alpiner und urbaner Lebensart zählt. Andere sind noch heute der Dreistufenwirtschaft verpflichtet, ziehen mit den Jahreszeiten bergauf und bergab. Emil Elsig und seine Schwester Frieda leben genau nach dieser Facon. Der 1936 in Goppisberg geborene Sohn eines Bergführers ist noch einer der letzten Bergbauern dieser Alp, ich kann seine Kühe vom Wohnzimmerfenster aus sehen. Drahtig, braun gebrannt und mit vollem Schopf möchte man Emil von Weitem für einen jungen Mann halten, der das Alter nur vom Hörensagen her kennt. Die Freude an der Natur und den Tieren hält ihn jung und noch immer mäht er die steilen Hänge vor seinem Haus mit leichter Hand. Ich kann das leise und gleichmäßige Zischen, wenn die Sichel die Grashalme schneidet, bis hier her in meine Schreibstube hören. Als ich es das erste Mal hörte, frühmorgens, da wohnten wir noch bei Lotti, im Chalet Basilisk, und ich wusste mir im Halbschlaf keine Erklärung. Heute beruhigt es mich, wenn ich es höre, und ich stehe inzwischen fast ebenso früh auf wie Emil. Wohlgemerkt, fast. Vielleicht ist es ihm ein kleiner Trost, das Licht oben vom Haus zu sehen, wenn er im Winter die Kühe in aller Herrgottsfrühe versorgt. Ohne viele Worte bildete sich zwischen Emil und mir eine Verbindung, die das Siegel echter Bergfreundschaft trägt. Das meiste, was Emil über die Almwirtschaft weiß, hat er sich selbst beibringen müssen; die Landwirtschaftskurse aus dem Tal helfen hier oben nicht viel. Es gibt keinen zweiten Schnitt Heu und die Aufzucht der Tiere ist auch eine Sache für sich. Noch immer produziert Emil eigene Butter, Zieger und einen würzigen, nach Alpkräutern schmeckenden Käse, der sich in der Region großer Beliebtheit erfreut. Das unverfälschte Aroma dieser einmaligen Landschaft – es geht auch durch den Magen.

Die Walliser Alpen sind heute ein einzigartiger Ausdruck von Landschaftspflege, ein großartiger Vita-Parcours und Lehrpfad für alle Menschen Europas: Das Bewahren im Einklang mit Fortschritt, die Balance zwischen natürlicher und technischer Existenzweise, oder anders gesagt – der Klang des

Alphorns über dem Bibendumstaudamm –, die Schweizer bekommen es irgendwie hin. Natürlich sind sie viel zu bescheiden, um sich das einzugestehen, aber sie und nicht die planlos alles über Bord werfenden EU-Cowboys sind heute die Erneuerer eines menschenwürdigen Lebens.

Man muss in die Schweiz nichts hineinbehaupten, aber in einer Hinsicht ist sie vorbildlich: Sie ist die Antithese zum normierten Einheitseuropa und der schlagende Beweis, dass es eben auch anders geht. Sie straft alle Lügen, die behaupten, es gäbe keine Alternative. In der Schweiz jedenfalls geht es anders – nämlich einig in der Vielfältigkeit, plebizitär demokratisch, föderalistisch und wirtschaftlich liberal. Schon 1871 wurde sie von dem Schriftsteller Leslie Stephen »der Tummelplatz Europas« genannt. Und das ist sie glücklicherweise geblieben.

Die direkte Demokratie erlaubt es den Schweizern mitzubestimmen, was in ihren Kantonen geht und was nicht. So gehört es sich wohl auch in einer gut funktionierenden Demokratie, das Volk bleibt der heimliche Souverän, der sich per Volksentscheid gegen die realitätsfernen Träume der Politiker durchsetzen kann, wie das Minarettverbot zeigt. Die tatsächlich Betroffenen haben das letzte Wort, sie bestellen das Parlament, nicht die politische Kaste. So – nicht durch politische Phraseologie – hat sich ein Wirtschaftsklima erhalten, das einer breiten Bevölkerungsschicht noch immer Wohlstand beschert. Da kann man nur sagen, Chapeau. Man könnte es ebenso gut auf Deutsch, Italienisch oder Rätoromanisch ausdrücken. Wo Einheit in der Vielfalt gelebt wird, können auch Sprachen ko-existieren, wenngleich sich im verwelschten Montreux dann doch ein unterschwelliger französischer Chauvinismus bemerkbar macht. Hier ist es zumindest nicht leicht, auf Deutsch nach der Uhrzeit zu fragen. Doch davon wird die Landschaft nicht weniger schön.

Wer einmal die Alpen vom Berner Oberland bis ins Wallis

durchwandert hat, der kann nur den Wunsch verspüren, die landschaftliche Schönheit in ihrer Einzigartigkeit zu bewahren. Die Schweiz ist im besten Sinne des Wortes das alte, vielseitige Europa auf seiner Höhe und hat es nicht nötig, sich als touristischer *Funpark* zu verkaufen. Der Wanderer liebt das Land aus anderen Gründen: Hier auf irgendeinem namenlosen Berg, über einem abgelegenen Tal, fällt die großstädtische Raserei von einem ab; im Licht der Abendsonne, an einem Lagerfeuer kommen die Räder, die sich innerlich drehen, endlich zum Stillstand. Man schaltet sein Handy ab oder begräbt es noch besser unter Flusskieseln so wie ich.

Und doch fühle ich mich nicht als Aussteiger, das Gegenteil ist der Fall: Ich steige in etwas ein, vielleicht zum ersten Mal in das eigene Leben, losgekoppelt vom Werdestrom der sogenannten Zivilisation.

Natürlich war ich schon immer ein Montagnard, ein Kind der Berge. Zumindest fühle ich mich hier wohl. Nicht verschwurbelter Tiefsinn, sondern Klarheit und aufgeräumte Lebensweise gelten mir als Zeichen »alpiner« Intelligenz. In den Bergen zählt nur das Wesentliche. Man höre einmal genau hin, wenn zwei Bergbauern über Wasser, Dienstbarkeiten und Bodenrechte »worten«, da werden die Dinge beim Namen benannt, doch mit schroffer Rede hat das wenig zu tun. Als Ausländer und Gast sollte man sich dennoch in ausgesprochener Höflichkeit üben, ein »Benennungsbesessener« bin ich nur noch am Schreibtisch, im Zwiegespräch mit mir selbst. Ansonsten würde ich mich fast zu den Wortkargen zählen; hier oben über den Wolken, in unmittelbarer Gegenwart der Walliser Eisriesen, ist Schweigen ohnehin Gold. Man beginnt den Tag und möchte eigentlich gar nicht anfangen, das große Schweigen zu brechen, schon gar nicht über die wiederkehrenden Dinge palavern, die in der Stadt stets aufs Neue für Aufregung sorgen. Davon hatte ich in meinem Leben mehr als genug.

Zwischen 1989 bis 1999 arbeitete ich für einige der größten Netzwerkagenturen der Welt. Notgedrungen lebte ich das Leben eines Nomaden, pendelte zwischen London, Hamburg und Amsterdam, wo ich mit meiner Frau mitten in der Innenstadt wohnte. Es war eine verdammt wilde Zeit. Einmal wäre mein Auto beinahe in einer Tiefgarage verbrannt, ein andermal kam meine Frau mit dem Notarztwagen nach Hause. Ein-, zweimal im Jahr packten wir dann unsere Koffer und entflohen dem großstädtischen Leben hierher auf die Alp. Die Berge waren für uns überbeschäftigte Menschen so etwas wie ein rettendes Ufer, im weitesten Sinn auch ein Weg in die verschüttgegangene Innerlichkeit, die man im Tumult der Großstadt irgendwann zu vermissen beginnt. Es hatte wenig oder nur zeitweise mit Hedonismus oder Naturfanatismus zu tun. Schon gar nicht mit einem »Ego-Zweier reicher Müßiggänger« oder »der reaktionären Flucht in ein hoch- und abgelegenes Spießerdasein«, wie ein Freund mir einmal im Spaß unterstellte.

Was mich aus den Städten heraus und in die Berge trieb, hätte er eigentlich bei Stefan Zweig nachlesen können: »Alles wird gleichförmiger in den äußeren Lebensformen, alles nivelliert sich auf ein einheitliches, kulturelles Schema. Die individuellen Gebräuche der Völker schleifen sich ab, die Trachten werden uniform, die Sitten international. Immer mehr scheinen die Länder gleichsam ineinandergeschoben, die Menschen nach einem Schema tätig und lebendig, immer mehr Städte einander äußerlich ähnlich.«

Das stammt aus dem Essay von 1925 wohlgemerkt, und das war bekanntlich noch bevor jede europäische Innenstadt mit der vollkommen austauschbaren Melange aus Flagshipstores und Fastfoodketten gleichgeschaltet wurde. Glücklicherweise sind die Schweizer Berge zu hoch, als dass sie sich in das europäische Geschiebe widerstandslos einfügen ließen. Auf diese Art von gehypter *diversity* kann man hier gerne verzichten. Es lässt sich ja nicht länger verkennen, dass die EU auf eine Monokultur hinauslaufen muss, eine Zivilisation von Einheitsmenschen – entwurzelt, ohne kulturelle Identität, geschlechtsneutral, wenn es denn geht, mobil-flexibel im Weltwirtschaftsgetriebe, überall einsetzbar, weil nirgends zu Hause, hin und her verschiebbar, je nachdem, wie es der Wirtschaft gefällt. Ob sich der Verlust von Heimat und Kultur auf Dauer wirklich durch den heiligen Euro und kulinarische »Ausländerei« aufwiegen lassen?

Und wie weit sind wir noch in Europa von Hermann Löhns düsterer Vision einer Endzeitgesellschaft entfernt: »Bald wird man in der ganzen Welt überall dieselben Menschentypen, dieselben Städtebilder, dieselben langweiligen Bars haben.«

Spreche ich mit meinem Freund Jean-Pierre D'Alpaos, einem preisgekrönten Walliser Kulturvermittler, über diese Entwicklung, dann sind wir uns einig, dass hier etwas aus dem Ruder gelaufen ist. Bekanntlich sind den Schweizern ja »fremde Vögde« suspekt. Bei aller Weltoffenheit und Toleranz. Man weiß hier noch sehr genau abzuwägen, ob eine Erneuerung auch etwas bringt. Der Allgemeinheit, den Menschen, dem eigenen Volk. Schon deshalb kann das europäische Modell auf die Schweiz nicht anwendbar sein. Ein tieferer Grund dürfte aber in dieser alles bestimmenden Hochgebirgslandschaft liegen, die den Menschen auf natürliche Weise erdet. Hier im Land der Indianer haben politische Cowboys aus Brüssel nicht die Spur einer Chance.

Vom Rücken der Dinge

Die vielen Enttäuschungen und Widerwärtigkeiten
trieben mich sehr oft hinaus und hinan,
wohin mein Herz sich sehnte,
nach meinen Bergen.
– CHRISTIAN KLUCKER, BERGFÜHRER

Als meine Mutter uns einmal besuchte, meinte sie angesichts der Aussicht salopp: »Hier oben wohnt man auf jeden Fall näher beim lieben Gott.« Und auch wenn ich meine, das setze eine Menge guten Glaubens voraus, ist etwas Wahres an dieser Behauptung. Warum sonst stieg selbst Jesus auf einen Berg, um zu predigen oder – wie man im Lukas-Evangelium nachlesen kann – »um zu beten«? Die Berge sind ein *Inbild der Güte*, ein wahres Herzensbild. Es widersetzt sich der vernunftgesteuerten Aufklärung und jeder Mensch – auch der prosaischste und trübste Gast auf Erden – begrüßt die mystische Unterweisung: Blick einfach den Aufschwung der ersten Felsenrippe hinauf zum wolkenverschleierten Gipfel. Hier und da glänzen Firnlichter, zackige, haarscharfe Linien verlieren sich in unbestimmten Lichtstimmungen, einem Chaos aus Firnis und Fels in scheinbar schwebender Harmonie, die nur Sekunden später zwischen treibenden und von der Sonne übergoldeten Wolkenfetzen wieder zerfällt. Beobachte, wie die weiß aufdampfenden Windfahnen, die heute über dem Hörnligrat stehen, im letzten Licht der Sonne verschwinden.

Es bleibt zu hoffen, dass auch die Seele nichts weiter als eine Ausdünstung ist, die eines Tages himmelwärts zieht.

Das Matterhorn gilt weithin als Schweizer Pendant zum Eiffelturm, dem Taj Mahal und dem Hotel Burj al arab, dessen Höhe stolz mit 321 Metern angegeben wird. Natürlich ist das Matterhorn nicht nur wesentlich höher als all diese Monumentalbauten aufeinandergestapelt, es verdeutlicht auch, dass die Natur noch immer jeden Baumeister übertrifft. Selbst Notre-Dame und der Kölner Dom, diese Statthalter von Gottes Herrlichkeit, wirken neben dem Berg »wie Hulk Hogan und Schwarzenegger neben Godzilla«, so sagte es jedenfalls der japanische Bergsteiger Yuichi Miura, als ich ihn in einem Zermatter Sportgeschäft traf. Wie ich finde, kein schlechter Vergleich.

Vom Bauplatz aus hatte ich jeden Morgen beobachtet, wie die Sonne die silberblaue Pyramide erst rosa behauchte und dann mit flüssigem Gold übergoss. Es ist kein Wunder, dass der Berg auch 150 Jahre nach seiner Erstbesteigung noch immer Zigtausende Berggänger begeistert. Und viele wollen hinauf, einmal am alten schmiedeeisernen Gipfelkreuz stehen. So kann es vorkommen, dass in der Hochsaison, morgens um zwei, einige Hundert Gipfelstürmer in den Fixseilen hängen, ein ziemlich buntes, aber auch unwürdiges Schauspiel, was an zahme südamerikanische Papageien auf Überlandleitungen erinnert. Sie hängen da, weil sie Berge sammeln wie andere Briefmarken, und ohne ihre kundigen Führer würden sie keine hundert Meter weit kommen. Für das Wesentliche, den Weg, haben sie ohnehin keinen Sinn. Den Berg, um den es in Wirklichkeit geht – das Beherrschen des Selbst –, erkennen sie nicht. »Man kann die Pfütze betrachten«, schrieb einst Wladimir Woinowitsch, »man kann aber auch die Pfütze betrachten und die Sterne sehen, die sich in ihr spiegeln.«

So ähnlich ist es auch mit den Bergen, und dann sind wir

es, die sich in ihnen spiegeln. Wer sich den Bergen öffnet, dem teilt sich deren Wesenheit unmittelbar mit; der Geist entledigt sich des Ballasts und das sprichwörtliche Rückgrat wird einem auf sanfte Weise gestärkt.

Die Ameisenstraße der Bergsteiger führte über den üblichen Weg vom Schwarzsee zur Hörnli-Hütte; er war mir aus verschiedenen Gründen vergällt. Jeder Aufbruch in die Berge sollte wie eine Einladung sein, dem Alltag zu entfliehen, um sich neuen Wegen anzuvertrauen. Der Weg zur Hörnli-Hütte kann das schon lange nicht mehr bieten. Zum einen beginnt er in Zermatt, diesem einzigartigen Schandmal des Fremdenverkehrs, zum anderen wird die Mühe des Anstiegs nicht wirklich belohnt. Zu viele Berggänger sind hier unterwegs, das Überholen und Überholtwerden hat etwas von einer Berg-Autobahn.

Dass ich mich trotzdem noch einmal im September nach Zermatt aufmachte, hatte aber einen triftigen Grund – ich suchte keine Glaubenslandschaft, keinen neuen erweiterten Horizont, ich wollte einfach nur raus, weg von der Schlammpfütze, in der das noch ungedeckte Holzhaus seit Tagen versank. Ich wollte Luft schnappen, wie es hier heißt, und das nicht etwa, weil ich unter Sauerstoffmangel litt. Ein von der Gemeinde verhängter Baustopp – falls wir keine eigene Wasserleitung anlegen würden – hing wie ein Damoklesschwert über uns. Es erinnerte mich an die Tatsache, dass jedes irdische Paradies einen Preis hat, den liebe Mitmenschen, die man nicht einmal persönlich kennt, aufrufen, wann immer es ihnen passt. Einem Ausländer, einem *fremda Fötzl* ein Haus ohne Wasser anzudrehen, das war doch so, als hätte man uns erst zum Essen eingeladen und dann die gesalzene Rechnung serviert.

Jeder Rückschlag ist bitter. Widerstände tauchen auf, dauern an und werden gelöst. Umsetzung, Zersetzung,

Umsetzung – für mich die Weltformel. Zigtausend Jahre Menschheitsgeschichte. So kann man es sehen und nur noch lächeln.

Ich packte jedenfalls an diesem Morgen meinen Rucksack und fuhr schnurstracks nach Zermatt. Mit dem Auto, das man außerhalb des Orts abstellen muss. *Salvitur ambulando* – im Gehen lösen sich die Probleme, nicht auf der Straße. Vielleicht rührt es daher, dass die Gehirnwellen ihren Frequenzbereich wechseln, die enge Taktung der Beta-Wellen schwingt aus, wird weiter, so kommt es mir vor. Es ist schade, dass es dazu keine brauchbaren Untersuchungen gibt. Jedenfalls hat es nichts mit dem »Herunterschalten von Gängen« zu tun.

Alle echten Bergwanderungen entsprechen einem bewussten Gang in die Leere, einem Abstreifen des Alltäglichen; man hört die innere Stimme wieder deutlicher. Genau so ein Abenteuer hatte ich mir von diesem herbstlichen Ausflug erhofft.

Der Weg in die Berge – vom Bahnhof Zermatt aus – ist ein einziger Spießrutenlauf, eine Beiz wechselt sich mit dem nächsten Skigeschäft ab, und unablässig ergießen sich ganze Busladungen von Touristen in die eng verwinkelten Gassen. Die meisten lassen sich mit der Zahnradbahn auf den Gornergrat schleppen, die neu erbaute Monte-Rosa-Hütte, wegen ihrer Aluminium-Verkleidung auch »Berghütte der Zukunft« genannt, lockt besonders schaulustiges und schlimm aufgemachtes Publikum an.

Ich hatte vor, noch einmal zur Hörnli-Hütte zu gehen, von der Seilbahnstation Schwarzsee, kein schwerer Weg wohlgemerkt, selbst wenn man Mitte September schon hier und da mit Schnee rechnen muss. Das Zeitfenster für die Tour war fast geschlossen, in ein paar Tagen würde die Hütte in weißer Pracht und Stille versinken. Viele »Luftschnapper«

dachten wahrscheinlich ganz ähnlich wie ich, es war viel los und ein außergewöhnlich sonniger Tag; als ich die Seilbahn am Schwarzsee verließ, herrschte in der nächstgelegenen Beiz schon reger Betrieb. Die Terrasse war von Chinesen belagert, die bereits um zehn ihr erstes *Feldschlösschen* tranken, wahrscheinlich glaubten sie, es gehöre zu einem deftigen Frühstück. Ich hatte keine Lust, in dieser farbenfrohen Karawane den Berg raufzuziehen, und entschied mich für eine andere Tour, die mir zwar länger, doch auch leichter erschien, den Weg zur Schönbielhütte.

Dabei verliert man nach und nach die Postkartenperspektive des Matterhorns aus den Augen, stattdessen erscheint ein Buckel von ineinander verschränkten Bergflanken, Schründen, plattigen Verschnitten und urzeitlichen Felshöckern. Die Form erinnert an den Bug einer schräg auf der Seite liegenden Brigg. Das Gedränge von halb ausgeformten Bergen, die man hierzulande auch »Trugberge« nennt, ist so ziemlich das Gegenteil der monumentalen Pyramide. Auch den etwa vier Kilometer langen Grat kann man von hier aus gut sehen, er führt direkt zu der Dent d'Hérens, einem Viertausender im Schatten des Matterhorns.

Zwei Stunden war ich jetzt schon unterwegs und die Schwerkraft machte sich bemerkbar. Die meisten Bergwanderungen beginnen nun mal mit einer Fortbewegung, die langsam von der Horizontalen in vertikalere Lagen führt. Ich hatte meinen Rhythmus gefunden, locker und fließend ging es durch wackliges Geschiebe von Lockergestein und über feuchte, mit Steilgras bestandene Schrofen.

Der Weg führte mich endlich durch einen golden verfärbten, noch in voller Nadelpracht stehenden Lärchenwald. Auf dieser Seite des Hörnlis war um diese Jahreszeit niemand mehr unterwegs, zumindest dachte ich das.

»Faszination Berge!«

Jede Stimme, die man mitten im Wald plötzlich hinter sich hört, dürfte eine Schockstarre auslösen. Ist sie noch überlaut und krächzend, dann sollte man sich möglichst schnell vergewissern, zu wem diese Stimme gehört.

Erst jetzt sah ich, dass da im Schatten von kupferbraunen Ästen, kaum drei Meter von mir entfernt, ein Mann in einer Camouflage-Regenhaut saß. Da es nicht regnete, ja, glühend heiß war, wirkte sein Aufzug etwas befremdlich. Ein ziemlich löchriger »Affe« – wie der Schweizer Militärrucksack heißt – lehnte am Baum. Daneben standen zwei ebenso ramponiert aussehende Schuhe. In dem einen steckte eine rote Gaskocher-Kartusche, in dem anderen eine Halbliterflasche mit Wein. Wirklich, ein Stillleben der besonderen Art.

»Na, also«, rief er zu mir herüber, »jetzt hab ich Sie fasziniert!«

Es klang etwas unverfroren, doch auch typisch für den Menschenschlag, der hier oben seit Generationen lebt.

»Hallo …«

»Wie hallo? – Berg heil! Wenn Sie zur Hörnli-Hütte wollen, dann sind hier schon mal verkehrt.« Mit seinen von der Sonne fast schwarz verbrannten Händen begann er seine weißen Füße zu kneten. Ein sonderbarer Kontrast. Vielleicht pulte er auch zwischen seinen Zehen nach Dreck, ich wollte das, ehrlich gesagt, nicht so genau wissen. »Oder wo wollen Sie hin, Sie?«

»Schönbiel«, erwiderte ich betont einsilbig.

»Die Hütte? – Ist seit ein paar Tagen dicht.« Ich konnte sein Gesicht im Schatten der Ponchohaube nicht deutlich sehen, aber er sprach ein gutes Deutsch mit einem charmanten Akzent. Ich hatte solche Klänge schon einmal von einer Frau gehört, einer Züricher Bardame, die mit ihrem Pudel in einem der drei Türme von Aminona wohnte. Sie wollte mir damals ihr Studio-Appartement andrehen, eine abgewrackte

76

Ski-Bude aus den Siebzigerjahren. Dass ich jetzt an sie dachte, war sicher kein Zufall.

»Eigentlich wollte ich da auch hin«, legte er nach. »Ist noch ein gutes Stück … und ziemlich steil …«

»Na, so steil auch wieder nicht …«

»Bergsteiger, was?«

Er hatte wohl meinen Eispickel am Rucksack gesehen. »Wollen Sie über den Smutgrad rauf, oder was?«

Er meinte wahrscheinlich das Hörnli, aber ich wollte nirgendwo rauf, für Gipfelstürmereien war es wie gesagt viel zu spät im Jahr.

Überhaupt war mir – in meiner finanziellen Situation – die Lust am Kult um irgendwelche Gipfel und Berge vergangen, und jeder wird das verstehen, der die neuen »Gipfeltarife« des Walliser Bergführerverbands einmal nachgelesen hat. Lieber Himmel. Von meinen einundzwanzig Viertausendern hatte ich gut die Hälfte mit Bergkameraden oder mir freundlich gesinnten Führern gemacht und die Gipfel, für die ich bezahlt hatte, waren mir am unspektakulärsten in Erinnerung geblieben.

»Nee, eigentlich dachte ich mehr an eine ruhige Wanderung das Smuttal entlang.«

»Tipptopp«, sagte der Poncho, »der alte Saumweg, ja, ja … Ist Teil der Königsroute von Chamonix nach Zermatt. Hab ich auch mal gemacht … Faszination Berge! Ja, ja …«

»Und selbst?«, fragte ich mehr aus Verlegenheit als aus Interesse.

»Wo geht's denn hin?«

»Da hoch.« Er deutete auf den Höhenkamm zwischen Hörnli und der Dent d'Hérens. »Zum *Novella*. Da komm ich her. Es sieht von hier schlimmer aus, als es ist.«

Sein Vortrag veranlasste mich, die Ausrüstung meines Gegenübers zu mustern. Selbst wenn er mit seinem Gerede wohl auch vor Luis Trenker als echter »Eis- und Felsenmann«

bestanden hätte, ich konnte nirgends Seile oder Eiswerkzeug sehen, auch sonst nichts, was geeignet war, die Steilwand zum Biwak Giorgio e Renzo Novella auf 3706 Metern zu durchsteigen. Vielleicht einer von diesen Leichtsinnigen, dachte ich noch. Man kann es ja keinem verbieten …

Erst im Juli waren am Lagginhorn – der Berg liegt in Sichtweite meines Schreibtischs – fünf deutsche, bestens ausgerüstete Bergsteiger an einer als »wenig schwierig« eingestuften Stelle abgestürzt. Und im August hatte ein dänischer Hobby-Alpinist seinen Wagemut am Rimpfischhorn mit dem Leben bezahlt.

Ob er sich da auch ganz sicher sei?, fragte ich nach.

»Klar doch. Hier komm ich nur zum Abhaken runter.«

Der Mann schob seine Regenhaube zurück. Zum ersten Mal konnte ich sein Gesicht deutlich sehen. Ein Kinn, braun und vernarbt wie ein altes Hackbrett. Die obere Hälfte wirkte dagegen jung. Verfilzte Haare, aber die Haut glatt, wie frisch geliftet, nur die Augenringe ließen auf einen Herzkranken schließen. Vielleicht hatte er auch Hepatitis oder litt unter sonst einer Sucht.

»Du musst nur die Schulter hochklettern«, fuhr er fort. »Ist wirklich nicht schwer. Zumindest wenn man so etwas hat …« Er zog den Affen zu sich heran und ließ mich einen selbst gemachten Wurfanker sehen. Es war das erste Mal, dass ich so etwas sah, es erinnerte eigentümlich an verschweißte und verdrehte Fleischerhaken.

»Was denn? Der Winkler[4] ist auch mit so einem geklettert.«

– *Der Winkler?* Ich wusste nicht allzu viel über die Lokalmatadoren der Walliser Berge, aber den Winkler Georg, einen 19-jährigen Studenten, hatte es vor über 100 Jahren am Weisshorn erwischt. Da der Berg mein Lieblingsberg

---

4 Winkler, Georg (1869 München – 16.8.1888 Weisshorn-Westwand)

war, hatte ich eben schon vom Winkler gehört. Ein unterirdischer Gletscherstrom förderte die Überreste des Gipfelstürmers erst im August 1956 zutage, da war Winklers Gesicht zu einer Dörrpflaume geschrumpft, und was einmal Hände gewesen waren, ähnelte jetzt mit Kalkstaub gefüllten Hirschleder-Fäusteln, so platt gedrückt waren sie. Die Hände des Poncho-Manns waren dagegen sehr kräftig und über und über verschorft. »Der Winkler wurde nicht alt«, warf ich ein, aber der Mann hatte den Dreggen schon wieder verpackt.

»Man muss halt aufpassen. Haben Sie Crampons dabei?«

Ich nickte. Tatsächlich habe ich auf größeren Touren immer ein paar leichte Alu-Steigeisen dabei.

»Tipptopp«, sagte der Mann, »dann ist es doch gar kein Problem.

Andererseits …«, er sah mich abschätzend an, »… so ein Tag wie heute – das ist ein guter Tag, um Abschied zu nehmen. *Kommen Sie mit? So zu zweit* …« Er ließ offen, wie er das meinte, aber mir wurde es allmählich mulmig.

»Wissen Sie, was viel gefährlicher ist?«, legte er nach. »Das Leben. Ja, ja, Sie haben schon richtig verstanden … Das Leben!«

Liebes bisschen, dachte ich noch. Der letzte Bergphilosoph … Und ausgerechnet ihm läufst du mit deinem Wasserleitungsproblem über den Weg.

Aber der Mann kam ganz woanders her. Gebirgssoldat, unehrenhaft entlassen, die Gründe wollte er mir lieber nicht nennen. Nur so viel, er habe einem Vorgesetzten »in die Kappe geschissen«. Ich fragte mich insgeheim, ob das wörtlich zu nehmen war. Aber so direkt nachfragen wollte ich nicht.

Nein, er nannte mir nicht seinen Namen. Stattdessen erfuhr ich, er lebe schon einige Winter in Scheidung, und dass seine Frau, eine Großmetzgerstochter »aus dem Kulturkanton Aargau«, ihn wohl umbringen wolle, es wäre der Grund, warum er hier draußen lebe. Nicht hier draußen natürlich. Er habe ein Armee-Zelt auf einem Camping im Pfynwald, nicht weit von Leuk. Auch andere »Ausgesetzte« habe es in das föhrenbestandene Rundhöckergebiet verschlagen. Worunter er in Scheidung lebende Männer verstand.

Ja, ein Mann lebe bis zu seiner Heirat als Mensch, danach als Ehemann. So sei das zumindest hier in der Schweiz …

Auf meine Frage, ob er von dort aus einer Arbeit nachgehe, bekam ich zu hören, er lebe schon lange von staatlicher Subvention. Nach seinem Abschied hätte er es mal bei den Lonza-Werken versucht, aber Feinchemie sei nicht so sein Ding. Dann lieber schon Dynamit. Er mache aber jeden Gelegenheitsjob – auf Schafalpen gebe es für einen wie ihn jede Menge zu tun.

Demnach sei er also ein Schäfer?

Nein, ein Scheich der Berge. Er hüte viel lieber die Schäfchenwolken am Himmel … Von dem Novella-Biwak hätte man einen sagenhaften Blick über »alles Gewölk dieser Welt«.

– Ob ich an den lieben Gott glaube, wollte er wissen, und ich entgegnete ihm, angesichts dieses Berges in unserem Rücken, sei es schwerer, nicht an eine beseelte Schöpfung zu glauben.

Die Antwort schien ihm nicht zu gefallen, denn er meinte, das Herzjesulein habe man in den Bergen gekreuzigt. Schon mal von Golgatha gehört? Na also. Einen Beweis, dass Gott existiere, habe er nie in seinem Leben gehört, trotz aller Einsegnungen und Gottesdienste, die er sogar als Messdiener mitgemacht hätte. Er wäre so weit zu sagen, *es lebe sich gut ohne Gott*, ja, sehr gut sogar.

Während er sprach, bemerkte ich, dass ihm eine Zahnreihe fehlte. Durch den verfransten Bart war es schwer zu sagen, ob es die untere oder obere war. Er schien meinen Blick nicht zu bemerken.

»Und dann die Unsterblichkeit ...« Er führte zwei ver-
schorfte Finger zum Mund und begann an seiner Unterlippe
zu zupfen. »Wir sind nichts ... gar nichts.«

Dass es kein Paradies gäbe, keine Existenz nach dem Tod,
das sei jedenfalls zu begrüßen, denn es erlaube einem im Leben zu tun und zu lassen, was das Richtige war ... Richtig
für einen selbst. Seine Frau, also die ... die ihn umbringen
wollte ... wenn er ihr nun zuvorkommen würde, dann könne er sicher wieder nach Hause ... Er brach an dieser Stelle
ab, denn er bemerkte, dass ich abmarschbereit vor ihm stand.
Es waren nicht seine morbiden Gedanken, es war die Vorstellung, in Gesellschaft dieses von allem losgeschlagenen Menschen zur Schönbielhütte wandern zu müssen ...

»Ich muss los.«

»Aber ich habe doch noch gar fertig erzählt ...«

»Tut mir leid.«

Zum Schein kramte ich eine Karte heraus und befand,
dass es doch ein viel zu weiter Weg war, und dass ich lieber
nach Zermatt zurückgehen würde. »Das kommt aufs selbe
raus«, meinte er. Er musterte mich mit seinen hellblauen Augen, als glaube er mir kein Wort. »Waren Sie jemals da oben?
Wenn Sie wollen, dann bring ich Sie rauf ...«

»Nein, danke. Ich kenne meine persönlichen Grenzen.«

»Die Frage ist doch, wie weit willst du gehen?« Er schien
mich gar nicht zu hören. »In einer Welt ohne Gott gibt es
keine persönlichen Grenzen. Sehen Sie, mit meiner Frau ...«

Lässig nickend legte ich den Rückwärtsgang ein, wobei
ich nicht wusste, was passiert wäre, wenn er sich entschlossen
hätte, zu folgen.

»Faszination Berg!«, rief er noch. »Ich hab Sie doch nicht
fasziniert ...?«

Es folgten Lippenfürze unerhörter Intensität, die ich noch
hörte, als ich fast wieder auf der Anhöhe war. Und noch etwas fiel mir auf: Der Poncho-Mann war aufgestanden und

machte Bewegungen wie ein Brustschwimmer – einfach hinauf ins leuchtende Blau.

Der Rückweg zum Schwarzsee zog sich unangenehm in die Länge, auch weil ich gelegentlich stehen blieb und wartete, ob der Mann mit dem Wurfanker auftauchen würde. Es ist besser zu überraschen, als zu den Überraschten zu zählen.

Natürlich hatte ich nicht wirklich vorgehabt, ins Tal abzusteigen. Vielmehr entschied ich mich, in der Wirtschaft am Schwarzsee zu logieren. Eine Schulklasse aus dem türkischen Teil von Berlin war zu Gast, die erste Hälfte der Nacht verging daher in einer dämmrigen, von Mo'med- und Ala'u-Akbar-Rufen erhellten Schlaflosigkeit. Kein Wunder, dass viele mit 20 wahnsinnig sind.

Am nächsten Morgen, gegen halb sechs, lief ich bereits in Richtung der Bergstation Trockener Steg, Nutella-Brote und Marschtee im Rucksack. Es ging an schmutzig grauen Lawinenkegeln, Spuren von Murgängern und eisverkleisterten Bergsturztrümmern vorbei. In dem tückischen Faulschnee rutschte ich immer wieder aus. Ärgerlich.

Noch ärgerlicher vielleicht die vom eisernen Griff des Tourismus entstellte Landschaft. Die Skipisten auf dem Gletscher erschienen mir wie weitere peinliche Mahnmale des Fremdenverkehrs, aber man konnte von hier hinauf zur Theodulhütte auf 3317 Meter spuren.

Der hässliche Klotz gehörte eigentlich schon zu Italien, was vielleicht den Müllberg hinter der Hütte erklärt. Ich wollte einfach noch mal rauf auf den Grat, das war alles. Vielleicht war es eine Art Trotzreaktion, wenigstens irgendwo gewesen zu sein. Meinen Reisepass hatte ich nicht dabei, aber in dieser Höhe spielen Landesgrenzen eine untergeordnete Rolle und die Chance, dort oben einen Trupp Carabinieri zu treffen, hielt ich für ziemlich gering.

Während ich meine Steigeisen anlegte, telefonierte ich mit meiner Frau. Die gute Nachricht: Der Konflikt um die Wasserleitung hatte sich inzwischen gelöst. Zumindest sah es so aus. Die schlechte Nachricht: Sie hatte sich die ganze Nacht Sorgen gemacht und war stinksauer auf mich.

Ich versprach ihr, gegen Abend zu Hause zu sein, die Herumtreiberei in den Zermatter Bergen führte zu nichts.

Oder doch?

Es lag frischer Schnee auf dem Grenzgletscher, nicht viel, aber eben ein paar Zentimeter. Was man in Bergsteigerkreisen humorvoll auch ein »Leichentuch« nennt, denn das geringste Nachlassen der Aufmerksamkeit könnte der letzte Fehler sein, den man macht. Neuschnee – mehr braucht es eigentlich nicht, um den geringen farblichen Unterschied zwischen altem, ausgehärtetem Gletschereis und überfrorenen, tückischen Séracs zu verwischen. Andererseits waren auf den Pisten schon Skifahrer unterwegs, und die Sonne brüllte noch einmal so richtig vom Himmel, alles wirkte hochsommerlich, so schlimm konnte es also nicht sein.

Ein guter Tag, um Abschied zu nehmen … Der Gedanke stand plötzlich wie in Stein gemeißelt vor mir. Ich sah mich in diesem Moment um und erwartete fast am Rande des Gletschers den Regenponcho zu sehen, aber da war nichts. Nur die Spaltenwirrnis und darüber weiß verkleisterte Spitzen.

Um den Gletscher sicher zu traversieren, entschied ich mich, zunächst einer Gamsspur zu folgen. Die Tiere haben einen untrüglichen Instinkt und ich fühlte mich in ihrem Kielwasser halbwegs sicher. Mit Teleskopstöcken stocherte ich Schritt für Schritt in dem sulzigen Schnee. Wie sonst konnte man den Boden auf seine Tragfähigkeit testen? Als Sologänger der alten Schule glaubte ich ohnehin, schon schlimmere Gletscher gesehen zu haben, zum Beispiel den Konkordiaplatz im dichtesten Nebel.

Und auf die Gams war tatsächlich Verlass. Oft wunderte ich mich über die Haken, die das Tier manchmal schlug, doch die vermeintlichen Umwege führten stets an tückischen Spalten vorbei. Wie ich im Rückblick feststellen konnte.

Es passierte dann kurz nach einer Rast, halber Wege zwischen der Bergstation und der Hütte. Im Grunde hätte ich es wissen müssen, denn die angetauten Mittagsgletscher – so freundlich sie auch im Sonnenlicht glitzern – sind nur mit Vorsicht zu genießen. Seitdem ich die Hütte erblickt hatte, war mir allerdings jede Vorsicht abhandengekommen. Mit Riesenschritten, die besser zu einem Skilangläufer gepasst hätten, steuerte ich auf die Theodulhütte zu. Im Grunde sah ich mich schon auf der Terrasse sitzen und dort meinen mitgebrachten Marschtee genießen.

Ich hörte dann ein Geräusch, sehr eigenartig, als würde jemand einen ganz großen, mit Styroporkügelchen gefüllten Sitzsack aufschütteln. Zwei Meter vor mir erschien plötzlich eine harte, graue Kante aus Eis, die Schneebrücke, auf der ich stand, sank langsam abwärts … Vielleicht ging alles auch rasend schnell, ich machte jedenfalls einen Schritt nach vorn und schlug mit dem Unterarm krachend aufs Eis. Der Aufprall traf mich mit Wucht, als hätte mich die stumpfe Schnauze eines U-Boots aus der Tiefe gerammt. Der Boden war plötzlich auf Augenhöhe gekommen, die Frontspitzen meiner Crampons bohrten sich irgendwo unter mir in das Eis … Während ich versuchte, mich aus der Spalte herauszustemmen, fühlte ich plötzlich ganz andere Berge, eine kolossale Unbeseeltheit, so wesensfremd und gleichgültig allem Lebenden gegenüber, dass ich fast loslassen wollte. Für diese anorganischen Elementarkräfte war ich nur willkommener Rohstoff, etwas, das sie von der Gletscherhaut abgesammelt hatten, um es in ihr Reich zu überführen.

Leider hatten sie Pech. Eine schnelle Inspektion meiner Unterarme und Ellenbogen zeigte zwar die ersten wie Abendrot aufziehenden Hämatome, aber ansonsten keine ernsthaften Blessuren. Ich würde meinen Aufstieg fortsetzen können.

Erst als ich die Treppe zur Hütte anstieg, warf ich einen Blick über die Schulter. Die Spalte, die mir fast zum Verhängnis geworden wäre, gähnte mit grässlicher Deutlichkeit hinter mir her. Bei dem Anblick wurde mir glühend heiß und ich ertrank innerlich in einer Springflut aus Adrenalin ... Ist es das, was die Menschen fühlen, wenn sie mit dem Snowboard lawinengefährdete Hänge abfahren oder am Bungeeseil von Baukränen springen? Alaska, eine Freundin von mir, hatte das angeblich einmal im Hamburger Hafen gemacht.

A dip nennen sie es, wenn das Haar nur ganz leicht das Wasser berührt. Jeder Tag ist im Grunde genommen ein guter Tag, um Abschied zu nehmen, dachte ich noch.

Der Satz hätte besser zu ihr gepasst als zu mir. Wahrscheinlich hätte sie das Angebot des Ponchos auch nicht ausschlagen können, und ja, so wie der Winkler zu sterben, das war auf jeden Fall besser, als in eine schäbige Pistenspalte zu fallen. Nicht weit von einer hässlichen Streckenstütze und den träge im Wind schwankenden Sesseln einer Liftanlage entfernt ...

Ich saß nicht mehr lange vor der winterfest verrammelten Hütte, denn die letzte Gondel von der Seilbahnstation Trockener Steg nach Zermatt ging um halb fünf. Erschöpft schlich ich davon und schaffte es heil zurück nach Zermatt. Dort, im Licht der untergehenden Sonne und mit Matterhornblick, saß ich auf einer vollen Café-Terrasse und genehmigte mir einen hochprozentigen Jägi-Tee. Ich bemerkte, dass ich angestarrt wurde, aber das lag vielleicht an meinem eigenen starren Blick. Ich wollte nur noch nach Hause. Was ich in den letzten 48 Stunden erlebt hatte, war schwer zu beschreiben. Ohne es zu wollen, hatte ich Grenzen berührt, Grenzen, von denen ich erst jetzt wusste, dass es sie gab.

Ideen des Herbstes

Meine un-heimelige Bergküche

3. September   Vielleicht hatten die neuen Kochplatten
die alte Pfanne zu stark erhitzt, aber als ich das Fischfilet
hineinlegte, schlug es eine Art Katzenbuckel. Hätte
schwören können, das Ding war schon tot. Das war
es wohl auch. Danach einen Pfannkuchen so fest
angedrückt, dass er plötzlich zu quietschen begann.
Selbst meiner Frau, einer bodenständigen calvinistischen
Holländerin, waren diese Phänomene recht neu.
Wenn das mal kein Zeichen ist, einen Smoothie-Tag
einzulegen: Heidelbeeren vom Markt oben an der
Station, eine Birne und eine Melone. Die Früchte fügten
sich schweigsam in ihr unvermeidliches Schicksal.

Blutti Grüeß – bloße Grüße

12. September   Der Mensch ist kein natürlicher
Höhlenbewohner. Die Entstehung der Häuser hängt
ursächlich mit den hinlänglich bekannten Mängeln

87

des menschlichen Körpers zusammen: Miserable Selbstregulierung des Wärmehaushalts, Anfälligkeit durch Krankheiten, schlechte Nachtsicht und natürlich die lachhaft dünne Epidermis, die es im Grunde genommen unmöglich macht, auf dem Boden zu übernachten. Daraus – aus körperlicher Schwäche – entstand die menschliche Zivilisation und infolgedessen die Domestizierung von frei umherstreifenden Wesen.

In dem um sich greifenden Trend des Nacktwanderns äußert sich vielleicht nur das Bedürfnis des Menschen nach zivilisatorischer Enthausung. Sind wir nicht zeit unseres Lebens in unendlich viele vermeintlich schützende Schalen, Hüllen, Futterale und Gehäuse verpackt? Es beginnt mit dem stoßdämpfenden Kindersitz mit neuem *Protection-System* und mündet geradewegs in dem ergonometrisch geformten Bürostuhl, auf dem man sein halbes Leben verbringt.

Sich nackt fortzubewegen, entspricht der ursprünglichen Fortbewegung des Menschen, und statt nackte Wanderer zu verfolgen und ihnen »grob unanständiges Benehmen« zu unterstellen – wie das beispielsweise vor Jahren im Kanton Appenzell Außerrhoden geschah[5] –, sollte man es den Menschen gönnen, sich auf ihre Art zu erholen. Was könnte es Schöneres geben als ein »Lichtbad« in freier Natur? Das Graskitzeln unter den Sohlen? Überhaupt, wer schreibt uns vor, wie wir uns anziehen müssen? In den Bergen bestimmt das bekanntlich das Wetter. Wer an den Händen friert, zieht sich Handschuhe an, und

---

5   Laut der *Neuen Züricher Zeitung* vom 28. Mai 2010 wurde das Urteil gegen den Nacktwanderer inzwischen revidiert. Der Kanton Appenzell Innerrhoden hatte am 9. Februar 2009 eine Änderung des kantonalen Übertretungsstrafrechts beschlossen, mit der das Nacktwandern unter Strafe gestellt werden soll.

wem der Hintern auf Grundeis geht, der wird sich schon eine wollene Hose anziehen. Doch an einem heißen Sommertag in den Bergen …?

Ich muss zugeben, dass ich es gestern einmal selbst ausprobiert habe, ohne Feigenblatt im Aletschwald, allerdings abseits der ausgetretenen Pfade. Meine Kleidungsstücke ließ ich in meinem Rucksack an einem markanten, weithin sichtbaren Felssporn zurück. Die Fußsohlen brauchen ihre Zeit, um sich an den direkten Bodenkontakt zu gewöhnen, man spürt bei jeder Bewegung den Wind auf der Haut. Die anerzogene Scheu, sich nackt zu zeigen, schärft auch das Gehör ungemein – ein knackender Ast, und schon geht man in Deckung. Dabei ist es in diesen Wäldern, die zum Silbersand führen, nach 17 Uhr menschenleer. Selbst Anhängerinnen der neuen gymnastischen Weltreligion (sprich Yoga), die hier oben gelegentlich an einem See meditieren, haben zu diesem Zeitpunkt mit eingerollten Matten das Weite gesucht.

Mit der Zeit machte das Laufen einen geradezu archaischen Spaß. Ich rannte, bis ich außer Atem war, und das geschah – da es steile Hänge hinauf und hinunter ging – ziemlich schnell. Glücklicherweise sank ich nicht weit von einer wilden Erdbeerstaude ins Gras. Manche der winzigen Früchte waren schon reif und sehr, sehr süß. Meinen Durst hatte ich schon zwischenzeitlich mit frischem Quell- oder Schmelzwasser gestillt, das man hier oben am besten in noch fließendem oder tropfendem Zustand mit der Zunge auffängt. Das Steilgras, auf dem ich lag, war trocken und kühl und ich spielte mit dem Gedanken, so einmal im Leben zu schlafen. Natürlich ging ich – bevor mich die Müdigkeit übermannt hatte – zu meinem Kleiderdepot unter den Felsen zurück. Das Gefühl, mich »grob unanständig« benommen zu

haben, hatte ich nach meinem Experiment eigentlich
nicht, zumindest nicht im Vergleich mit den Manieren,
wie sie von anderen Erholungssuchenden an den Tag
gelegt werden. Nichts gegen Mountainbikers, aber
müssen sie einen immer auf fußbreiten Pfaden zu zehnt
überholen?
Das Nacktwandern fernab von Massentourismus und
Familienfreizeit ist dagegen eine unschuldige, ja, fast
traditionsreiche Freude. Man bedenke: Zu Goethes
Zeiten war sogar das Tragen von Unterwäsche in
bäuerlichen Walliser Kreisen verpönt. Die Kinder liefen
barfuß und die fortschrittlichen jungen Leute badeten
nackt in der Rhône. Was sollte an einem Lichtbad in
freier Natur also abwegig sein?

Turtmann
17. September Um diese Jahreszeit ist die Turtmannhütte
noch bewirtschaftet, aber die Zahl der Besucher hält sich
in Grenzen. Man hat von hier einen guten Blick auf das
Bishorn, hinter dem sich auch das Weisshorn, leider nicht
von seiner prägnantesten Seite, zeigt. Bei milder Sonne
einen Bergkräutertee auf der Terrasse getrunken. Eine
sehr hübsche, junge Bergsteigerin posierte neben einem
»Steinmännli« beträchtlicher Größe.

Citylife
19. September Ich lese einen Artikel über den
Photography-Price der *Citibank*. Es heißt, alle
Nominierten vereine ein »unangenehmer Sinn für die
Entfremdung ihrer urbanen Umgebung«. Auch einige
Berliner Fotografen liegen im Rennen weit vorn. »*We're
left instead with a sense of emptiness, a vision of alienating*

spaces, where people can no longer feel at home.« Verdammt gut gesehen, würde ich sagen.

Sie geben nicht auf
2. Oktober   Unter den Anlässen, die Selbstmord rechtfertigen können, sind Drangsale der Behörden und Amtsschikanen an vorderster Stelle zu nennen. So ein Häscher wittert einen 20-Franken-Schein in deiner Tasche aus 10 Kilometern Entfernung. Einen Tag später hat er bereits deine Anschrift ermittelt und eine Woche darauf flattert dir bereits ein maschinell ausgedruckter Zahlungsbefehl ins Haus. Ganz gleich, ob du Geld verdienst oder nicht, man »schätzt« dich und bittet dich zur Kasse, weil es dich gibt. Du existierst, das reicht schon, um Geld von dir zu fordern.

Die Untermieterin
12. Oktober   Unter einem im Flur abgestellten Rucksack die frisch eingesponnene Leiche einer großen Fliege gefunden. Yip. So begann heute mein Tag.
Habe dann eigentlich den ganzen Vormittag auf einen Aufschrei gewartet. Er kam spät – und aus der Kleiderkammer unter dem Dach. Als ich eintrat, zeigte meine Frau stumm auf ihre Garderobe: In der Tat, das musste die Mörderin der Fliege gewesen sein.
Nachdem der Krümelschlucker kläglich versagt hatte, blieb nur die ultimative Staubsauger-Lösung, um uns von dieser Untermieterin zu erlösen. Manche Dinge ändern sich nie. Auch nicht hier in den Bergen.
Nur in einer Unteracher Villa habe ich einmal eine größere Archnide gesehen. Scheußliche Brut. Denke nicht, dass ich mit denen je warm werde.

Für die Alpentaufe braucht es kein Kreuz
25. Oktober   Wenn der Papst ins Mittelmeer spuckt,
wird es davon nicht heilig. Kein Gipfelkreuz, ganz gleich,
ob es aus Holz oder Metall besteht, macht aus einem
Berg einen christlichen Berg.
Die Berge sind und bleiben elementar. Sie waren schon
in der Welt, als es die merkwürdige Idee von Gott
noch nicht gab und das Eisen, aus dem die meisten
Gipfelkreuze bestehen, noch tief in chthonischen
Erzadern schlief. Erst die menschliche Zivilisation formte
daraus fragwürdige Symbole und verbreitete sie über
die Erde. Nicht, dass es den Bergen viel ausgemacht
hätte: Von den unzähligen Flaggen und Hakenkreuzen,
die NS-Bergsteiger zwischen 1933 und 1945 auf den
Gipfeln der Welt hinterließen, hat nicht eines das
neue Jahrtausend gesehen. Auch das »Markenzeichen«
der Kirche gehört nicht in die Natur. Schon immer
empfand ich es als unangenehm, nach stundenlanger
Plagerei auf irgendeinem Gipfel ein Kreuz vorzufinden.
Wer braucht hier ein Markenerlebnis der Kirche? Die
jüngste Entscheidung der Urner Justizdirektion gegen
die Errichtung eines Eisenkreuzes auf dem Gipfel des
Brisen mag zwar nichts mit Landschaftsschutz zu tun
haben, doch jeder Gebirgler fühlt, dass menschliche
Symbole – ganz gleich welcher Art – nur die Schönheit
der Bergwelt verschandeln. Kreuze und Fahnen – sie
sind wie Gaunerzinken an den Toren des Himmels.

Alaska

Wenn ich schon sterben muss,
dann ziehe ich die Straße vor,
irgendwo in der Steppe,
mit dem schönsten Himmel
über meinem Kopf,
statt in einem Zimmer
von dem Bedauern getötet
zu werden,
nicht genug Mut gehabt zu haben.
— ALEXANDRA DAVID-NÉEL

Ich hatte lange nicht mehr an Alaska gedacht, ein paar Jahre schätze ich, vielleicht ein Jahrzehnt. Als ich meine Zelte in Berlin abbrach, befand sie sich gerade auf einem Segeltörn von Feuerland in die Antarktis. Während ich mir Umzugskartons in einem Baumarkt besorgte und einen ahnungslosen Fuhrunternehmer aus der Uckermark auf eine Art Himmelfahrtskommando einzustimmen versuchte, kämpfte sie in der Drake-See gegen einen Sturm von Windstärke zwölf. Sie war wohl eine der letzten Abenteurerinnen mit zu viel Geld und ich nur einer, der versuchte, im Tumult nicht den Kopf zu verlieren. Man konnte eigentlich nicht gegensätzlicher sein.

In den vorangegangenen Monaten hatte ich, in Vorbereitung des Umzugs, meinen überflüssigen Krimskrams auf eBay verhökert und war dabei im Laufe der Abwicklungen immer wieder mit osteuropäischen Händlern aneinandergeraten.

Die Kleinlichkeit dieser Halsabschneider ödete mich an, und am liebsten hätte ich mir einfach einen Container bestellt und den Überrest meines Lebens eben *nicht* ökologisch korrekt entsorgt – nutzlose Gerätschaften, feuergefährliche Lacke, Elektroschrott und angebrannte Töpfe, vermischt mit Fotos von Menschen, mit denen mich nichts mehr verband, kitschigen Postkarten und alten Liebesbriefen, Streichholzbriefchen exotischer Fresstempel, japanischen Essstäbchenbänken aus Porzellan, Flohmarkt-Schätzen und alten Klamotten. All das hätte ich, einmal gut durchgerührt und platt gestampft, der Stadt Berlin am liebsten für ein Museum vermacht. Mit der passenden Beschreibung versehen, hätte man es vielleicht für ein Kunstwerk halten können. Titel: »Müde des Kreisens in Plunder, irrte er hinaus in die Wildnis der Berge und ward nie mehr gesehen«. Und aus all den Absageschreiben von Verlegern hätte ich mir Papierflieger gebastelt, lauter unterschiedliche Typen, und sie zum Abschied vom Fernsehturm in die gaffende Menge geworfen.

An so einem Morgen, als ich gerade am Berliner Küchentisch saß und einen Penisköcher aus Neu-Guinea in Luftpolsterfolie verpackte – ein braunfleckiges Rohr, wahrscheinlich aus einer Kürbishülse gedrechselt –, fiel mir ein, dass ich Alaska dieses Monstrum verdankte. Sie hatte es mir geschenkt, zuletzt, als wirklich nichts mehr zwischen uns ging, und noch spöttisch bemerkt, ich solle es gelegentlich bei Lesungen tragen. Das Futteral stammte von ihrer letzten Expedition ins Hochland von Papua-Neuguinea, und ich hatte das Rohr sofort in einem toten Winkel meiner Wohnung verhängt. Es berührte mich irgendwie unangenehm. Der Stolz der Primitiven auf ihre brutale Fertilität, die Betonung des dümmlichen Horns, die plumpe Androhung eines Blutstaus, nein, wirklich, die kindliche Freude des Steinzeitmenschen über sein ältestes und liebstes Werkzeug war mir ein Leben lang fremd.

Als ich Alaska über den Weg lief, da hatte sie die Welt schon nach allen fünf Himmelsrichtungen bereist – nach Norden, Süden, Osten, Westen und ihrer eigenen, wie sie meinte. Erst auf Tour fühlte sie sich von allen Schranken entbunden, erst im Unterwegs-Sein lebte sie auf. Wer jemals seinem inneren Kompass gehorchte, der wird sie verstehen. Er weiß, wohin wir wollen, und weist uns den richtigen Weg. Das Reisefieber hatte sie sich wohl bei ihrem Vater geholt. Was Norddeutschland anbelangt, war er wohl einer der größten Teppichhändler gewesen, und unter seiner »Teppichwelt«-Flagge waren sie – Vater und Tochter – nach Caracas und zur Elfenbeinküste gesegelt, und auch wieder zurück nach Travemünde. Den Vater gibt es inzwischen nicht mehr, das Schiff modert in Travemünde wahrscheinlich noch vor sich hin. Es wäre ohnehin nicht geeignet gewesen, Alaska in immer fernere, unwirtlichere und gefährlichere Regionen der Erde zu tragen.

Man kann es auch übertreiben, dachte ich damals bei mir. Ich hatte in den Bergen nie die Fremde gesucht, sondern die Heimat, das Bild, in das ich passte und in dem ich irgendwann aufgehen wollte.

Sie schien mir dagegen eine Dauer-Durchreisende zu sein: *Fox on the run.* Dabei hatte sie schon ein Zuviel an Gelegenheit und Muße gehabt, sich von der Krümmung der Erdoberfläche ebenso klar zu überzeugen wie von der Wirklichkeit des durchgedrehten Trabanten, der sie selbst war, und der sich zwischen den Reisen im Lichterschlund der Reeperbahn von den Strapazen erholte. Hier, über den Dächern und einen Steinwurf von der Herbertstraße entfernt, verqualmte sie ihre kleine Mansarde, und hier schlief sie auch tief und fest ein, sogar schneller »als über dieser sechsspurigen Schnellstraße in Hongkong«. Sie nannte – man glaubt es kaum – die Hölle von St. Pauli ihr »putziges Dorf«. Das luxuriöse Domizil ihrer Mutter auf Sylt, wo sie auch gelegentlich wohnte, wurde stattdessen als »das Drecksnest« beschimpft. Wobei sie, glaube ich, ganz Westerland meinte.

Zugegeben, ich war von Alaska beeindruckt. Schon ihr Name schien wie für sie gemacht. Zumindest passte er nicht schlecht zu einer wirklich »großen Verrückten«, wie die Navajo-Indianer all jene nennen, die den Traum zu ihrer Welt gemacht haben und ihn deshalb für die Wirklichkeit halten. Alaska war genau so ein Mensch. Dabei hatte sie schon so viel gesehen von dieser ebenso schönen wie fragwürdigen Welt. Nicht ganz so viel allerdings wie die Irren, mit denen sie reiste. Da gab es beispielsweise den Ethno-Schrottsammler aus Essen, ein netter, gut verdienender Rettungsarzt namens Heribert Schildlaus, dem der Infarkt in Dubai so gelegen kam wie das Nierenversagen in Tanger; der aber auch den betuchten Pädophilen in Bangkok nicht links liegen ließ oder den unter Hepatitis leidenden Junkie in Casablanca. Deshalb hatte er wahrscheinlich die Ehrenmitgliedschaft im Klub der *Most-Travelled Men*. Regulär hätten sie ihn nicht genommen, mit seinen lumpigen 150 Ländern.

Obwohl Alaska noch weniger Länder vorweisen konnte, hatte sie immerhin echte Highlights unter den Einreisestempeln in ihrem Pass – Grönland, Nordkorea, Sibirien, Papua und natürlich das begehrte Kamtschatka. Ihre Mansarde auf St. Pauli beherbergte Zeugnisse all dieser Reisen. Die wirklich wichtigen trug sie mit sich herum: Die Narben an ihrer Wade konnte man ein kleines Andenken an Borneo nennen. Ein parasitärer Pilz namens *tinea imbricata* – resistent gegen alle antimykotischen Waffen – hatte ihr in spiralförmigen Mustern die Haut bis aufs Fleisch weggefressen.

Krasser vielleicht war der eingebildete und nur für sie sichtbare Schwimmring um ihre Mitte, den sie sich im winterlichen Kamtschatka angefressen hatte und der nicht abschmelzen wollte. Die Russen, erzählte sie, hätten ihre Gäste mit ranziger Milch und Trockenfutter für Yaks gemästet.

Wahrscheinlich hatte sie all ihre Kräfte gebraucht, um Gary Huster, einen reichen Weltenbummler-Kumpan, in der Hütte auf Abstand zu halten. Er war Investment-Banker, bereits pensioniert, und wie sich später herausstellte, machte er diese aberwitzigen Eskapaden nur mit, um in Alaskas Nähe zu sein. Einen versilberten iPod hatte er ihr zum Abschied geschenkt, mit an die tausend Schnulzen von Frank Sinatra. Kein so schlechtes Souvenir.

Von einem früheren Antarktis-Abenteuer war ihr nur ein roter Woolrich-Parka geblieben, nennen wir es mal ein tragbares Zelt. Immerhin hatte sie in diesem textilen Monstrum eine Nacht auf dem Packeis verbracht. Irgendwo an der weißen Geisterküste der Amundsen-See, wo das Eis sie in den Schlaf knisterte. Als sie die Augen öffnete, war der Eisbrecher glücklicherweise immer noch da. Für den unerlaubten Landgang bekam sie einen klitzekleinen Rüffel vom Kapitän, doch was nimmt man nicht alles in Kauf, um Gevatter Tod einmal ganz nahe zu sein?

Auf all den Fotos, die ich entsorgte, machte Alaska eine gute Figur. Mal las sie mit grimmiger Miene und eisverkrustetem Haar geografische Karten, mal schwenkte sie eine Kalaschnikow mitten im kambodschanischen Dschungel, ein andermal präsentierte sie ihre Narben den Indio-Frauen, die diese Wülste ehrfürchtig bestaunten. »*Puk-puk mari* – Frau mit Krokodilshaut« nannten sie sie, was ich – ehrlich gesagt – nicht bestätigen will.

Als sie mir diese Fotos zum ersten Mal zeigte, fiel mir auf, dass sie niemals aufgeregt wirkte. Ihr Blick war immer derselbe – unerschrocken, hellwach, ironisch, als wäre sie gar nicht da. Und das war sie auch nicht, denn sie war eigentlich auf der Flucht vor sich selbst. Ich kenne kein Foto der *echten* Alaska, der Alaska, die in einem Nachtcafé sitzt, raucht und trinkt, den Blick in irgendeine dunkle Ecke gerichtet, die roten Augen voll Sehnsucht nach einer auf immer gestillten Existenz.

Worunter sie wahrscheinlich das seelische Äquivalent zu einer gesättigten Glukoselösung verstanden hätte: *Nothing left to be desired, my dear* … Dann lag ein grünlicher Schimmer wie von verwitterter Bronze auf ihrem Gesicht. Während sie mit großer Darstellungskraft von ihrem »Teppichwelt«-Vater erzählte, der den grimmen Tod eines Handlungsreisenden starb, sah sie eigentlich fast wie eine gut erhaltene Moorleiche aus. Oder eine uralte Squaw mit struppigem Haar. Manchmal, mitten in der Nacht, glaubte ich Nordlichter über Alaskas Haaren tanzen zu sehen. Und dann redeten wir und redeten, als ob das eine erprobte Lebensart wäre, die den Tod ausschließen würde.

Morgens um vier saß sie dann wieder – einen Eimer voll löslichem Kaffee in der Hand – vor ihrem Computer. Ihre Reiseziele destillierte sie aus den Reisewarnungen des Auswärtigen Amts. Oder sie telefonierte mit Gary Huster, der sie immer mit Tipps aus den Hochburgen des menschlichen Elends versorgte. Ich erinnere mich noch gut an Huster, dabei habe ich ihn nur zweimal gesehen. Er erschien mir wie ein Zwillingsbruder von John *Motherf★★★ing* McBride, dem britischen Müllmann, der vor 20 Jahren angeblich versehentlich den Katastrophentourismus erfand: Verwaschenes Polohemd, Sportbrille aus bruchsicherem Glas und einen typischen Rentner-Gesäßbeutel um die knochigen Hüften gegürtet – den Millionär sah man Huster wirklich nicht an. Er hatte nicht viel Zeit, da er auf der Durchreise war, aber es dauerte keine zehn Minuten, da hatte ich Impressionen seiner schönsten Reise vor Augen – digitale Fotos von fliegenbedeckten Leichen. »Ruanda '94«, raunzte er in die Stille, »so was hab ich nie wieder gesehen. Wisst ihr noch? Da haben die Hutus aus den *Tussies* so richtig Kleinholz gemacht … 37,9 % von denen wurden mit der Machete erschlagen.« Die hießen Tutsies, dachte ich noch und hatte nur vage genickt:

Es war eine grausame Vorstellung – wie Huster aus einem Hubschrauber kletterte und sofort mit dem Ablichten begann, klick! klick! klick! –, um möglichst viel von der kaputten Welt »einzusacken«. Schließlich hatten er und die anderen Individualtouristen ja für die *Action* bezahlt. Oder, wie die Schrott sammelnde Schildlaus einmal meinte: Das sei ihnen »nicht nur der Schöpfer, sondern auch der Reiseveranstalter schuldig«.

Wenn er von seinen Streifzügen zu schwärmen begann, musste ich jedenfalls an den Polfahrer Vilhjalmur Stefansson denken, der »Habgier, Eroberungsgelüste und religiöse Heuchelei« für »starke Faktoren hinter vielen Entdeckungsreisen« hielt. Husters Motive schienen dagegen noch um einiges abwegiger zu sein.

»Je länger sie in der Sonne liegen, umso heller werden die *Blackies*. Am Schluss sind sie weiß. Schon krass, eh.« Dabei sah er ohne jede Regung in unsere ebenso regungslos erstarrten Gesichter. Niemand sagte ein Wort. Was sollte man da auch noch sagen? Ganz ähnliche Fotos von Opfern des Genozids gab es auch auf Wikipedia zu sehen. Demnach war alles … okay.

Ich war trotzdem froh, als er endlich von seinem geplanten *sniping trip* nach Sarajevo begann. Dass sich ehemalige serbische Heckenschützen in den Bergen als Fremdenführer verdingten, war letzten Endes der entscheidende Grund für Alaska, nicht mitzufliegen.

»Wie langweilig«, meinte sie noch. Auch sie war gegen menschliches Elend weitgehend immun. Die Attraktionen der Länder, die sie sich noch mal »reinziehen« wollte, fingen mit bürgerkriegsähnlichen Zuständen an und endeten mit Bandenkriegen, inklusive Granatenbeschuss. Was sie mir nach Husters Verschwinden vorlas, stammte aus Robert Young Peltons *Handbuch für fortgeschrittene Katastrophentouristen*: »Hör dir das an: Zaire – dreckig, hässlich, korrupt, gewalttätig, aber abgesehen davon nicht übel. Na, wer sagt's denn, es gibt sie also noch, die reinste zentralafrikanische Hölle!«

Sagen wir mal, Alaska machte mir Angst. Und wenn ich sie darauf ansprach, dass ihre Begeisterung für die zentralafrikanische Hölle doch ziemlich abwegig war, dann antwortete sie stets mit einem Credo, das schon der russische Revolutionär Bakunin seiner Schwester Tatjana als Grund seines unsteten Lebens aufgetischt hatte: »Besser ein Augenblick des wirklichen Lebens als die jahrelange Fortsetzung einer sterilen Existenz.« Das leuchtete mir irgendwie ein: Wer sich entscheiden kann, sein ganzes Leben als ein Abenteuer zu begreifen, der wird die Möglichkeiten, die er hat, eher ausschöpfen als einer, der zum »urbanen Jochbummler« wird und nie etwas riskiert.

Außerdem wolle sie doch »nur etwas erleben, okay«? Vielleicht war ihr zu diesem Zeitpunkt nicht klar, dass mit so einer Schnapsidee der Zweite Weltkrieg begonnen hatte: Ein paar junge Abenteurer hatten im September '39 etwas erleben wollen. Sechs Jahre später stand ganz Europa in Flammen, und die Nachkommen der Überlebenden haben noch heute die Zeche zu zahlen.

Gewiss: Wäre Alaska irgendwo im Busch unter die Räder gekommen, dann wäre das nicht so weltbewegend gewesen, aber der eigene Tod ist vielleicht doch der wichtigste, den es gibt.

Es vergingen dennoch Tage, in denen sie nur Atlanten wälzte und sich gedanklich in die Todeszonen des Planeten verrannte. Dass sie reifer geworden sei, glaubte sie übrigens an einer kürzlich gewonnenen »Einsicht in die Begrenztheit von allem« zu erkennen: Der Erdradius war nun einmal so und so lang, man konnte nicht unendlich reisen. Die Zahl der Kilometer war so begrenzt wie die Seitenzahl in einem Buch.

Zu meiner Ehrenrettung darf ich sagen, dass ich Alaska den Kongo ausreden konnte. Mein zarter Hinweis auf die Gräueltaten von Kindersoldaten und die statistisch ermittelte Dichte von Mörderbanden, die sich über den Dschungel verteilten, mehr brauchte es eigentlich nicht. Einer Weißen mit flachsblondem Haar stünde da sicher so manches Erlebnis bevor. Auch die Schildlaus – sie kam öfter mal zu Besuch – teilte meine Befürchtung, wenn auch aus fragwürdigen Gründen: Was ihr besonders am Kongo missfalle, sei »die geringe Aussicht auf hochwertigen Schrott«. Jedes übrig gebliebene Zahnrad aus der belgischen Kolonialzeit sei noch in Gebrauch; die Schwarzen würden sich von nichts trennen. Kein Witz. Menschen wie er – Sammler von exotischem Müll – verkörpern wohl so etwas wie die Funktion einer Niere für die Welt. Statt Schadstoffe aus dem Blut zu filtern, entfernte die Laus industrielle Überreste aus bedrohten Ökosystemen. Anstelle des Kongos schlug er übrigens Grönland als Reiseziel vor, die Ostküste mit dem Scoreby-Sund: »Auch schön gefährlich wegen der Bären!« In Wahrheit ging es ihm um eine von Nazis erbaute und ziemlich gut erhaltene Wetterstation, die »fast danach frage«, erkundet zu werden. Teurer als Spitzbergen, wo er schon einmal eine Wetterhütte geplündert hatte, konnte es auch nicht sein. Eine akute Hirnhautentzündung auf den Seychellen und ein Blinddarmdurchbruch im kenianischen Busch hatten ihm ohnehin gerade frisches Geld in die Kriegskasse gespült.

Trotzdem erschien mir dieser Reisegefährte Alaskas immer wie ein Maultier im Pferdegeschirr: Was er wollte – was alle hier wollten –, war ihnen eine, wenn nicht zwei Nummern zu groß. Abgesehen von ihm und Huster bestand die fatale Traveller-Clique noch aus einem Treuhand-Kindel namens »U-Tante« und einem gewissen Dr. Marius Krippen, der sich seine Trips mit dem lukrativen Geschäft des Nasen- und Schlupflidkorrigierens verdiente.

In ihrer eigenen Fantasie waren sie wohl alle Forschungs-reisende und große Entdecker, für mich dagegen nur Schau-ficker einer besonders krassen Form von »Explornografie«, der fragwürdigen Kunst zu entdecken, wo es nichts Neues mehr gab.

Einmal behauptete Krippen, er habe endlich einen Ziga-rettenautomaten in Ulan-Bator lokalisiert, der rote, weiße und schwarze Marlboro hätte! Huster bezweifelte das. Der Auto-mat befände sich in Ushuaia, an der südlichsten Spitze Ar-gentiniens ... Das Herumgeröste ärgerte mich damals so sehr, dass ich einwarf, ich hätte diesen Automaten mit Sicherheit in der Kaiser-Wilhelm-Passage, allerdings in der von Berlin-Lichtenrade, gesehen. Darüber hinaus empfahl ich allen, ein-mal nach Kibera, Nairobi zu reisen, dem größten Slum dieser Erde, wo Obdachlose ihre Notdurft in Plastiktüten verrich-ten und minderjährige Prostituierte ihrer Arbeit neben Ster-benden nachgehen. Alaska, Krippen, Schildlaus, selbst Huster hatten an diesem Vortrag zu kauen. Nur die U-Tante leckte sich genüsslich die Lippen: »Und – kennst du auch den Tarif?«

Im Unterschied zu Huster, der nur fotografierte, und Schildlaus, dem es stets um seine Sammelleidenschaft ging, ergötzte sich die U-Tante ganz offen an den »Überbleibseln gescheiterter Menschen«. Das konnte alles Mögliche sein – angefangen von löchrigen Stiefeln bis hin zu einem Propeller: »Es muss nach Unfall aussehen.«

Die Fragmente betrachtete er dann zu Hause am schmu-cken Kamin, während ihm sein thailändischer Diener (»mein schönstes Mitbringsel«) die Füße massierte. Reisen an sich hielt dieser Dandy für eine wahre Tortur. In diesem Zusam-menhang hatte er sich einmal seines linken Sockens entledigt, um mir eine kreisrunde Narbe zu zeigen, die seinen ansons-ten makellosen Spann krönte. Offenbar war er in irgend-einem gottverlassenen Land in einen gottverlassenen Nagel getreten. »Ging durch wie Butter. Ein tolles Gefühl ...«

War es das, was hier alle verband – das unbändige Verlangen nach einem Schmerz, der sie aus ihrer Besinnungslosigkeit riss? Eine *Near-death-happiness*?

Natürlich flogen sie nicht nach Nairobi, sondern nach Grönland, doch Alaska war mir seitdem irgendwie gram. Sie rauchte rücksichtslos, wenn sie mich sah. Sie wusste von meiner Bronchitis, und dennoch verqualmte sie eine Packung Gauloises, »Auf St. Pauli fällt das eh nicht ins Gewicht«, sagte sie mal, und damit hatte sie recht. Der Lärm, die Abgase, der Neonlichtzauber – was sie zum Leben brauchte, zehrte mich buchstäblich aus. Oh, hatte ich das schon erwähnt? In ihrem Haus lag eine legendäre Hamburger Besäufnisanstalt. Dort legten sie morgens um drei noch Motörhead auf, und die volltrunkenen Gäste prügelten sich dann vom Billardzimmer auf die Terrasse hinaus und wieder zurück. Fuhr die grüne Minna noch vor, polterten oft schwere Schritte die Stiegen herauf.

»Hörst du das?«, fragte ich dann, doch Alaska schlief tief und fest, mitten im Krieg, an vorderster Front … Die Kugeln, die durch ihr Haar pfiffen, fühlte sie nicht.

In der Zeit, die sie brauchte, um in die Gänge zu kommen, saß ich oft auf dem grässlich kahlen Balkon und starrte hinab auf dieselbe breite, vierspurige Straße, dieses Fließband des Nichts, das inzwischen auch durch mein Unterbewusstsein verlief. Dabei hatte ich oft das Gefühl, mein Gehirn klebe wie platt gefahren an der Innenwand meines Schädels. Es mag stimmen, dass ich mich damals nach der Ruhe und Kraft der Berge zu sehnen begann. Die Kombination aus Berlin-Mitte und Hamburg-Altona, sie gab mir den Rest. Hätte Alaska in einer der vielen Seitenstraßen von St. Pauli gewohnt, es wäre vielleicht doch anders gekommen. So schlug ich ihr eines Tages vor, in ein Kapitänshaus an der Elbe zu ziehen, das sei doch die richtige Bleibe für eine »Windsbraut« wie sie. Tatsächlich erntete ich nur einen tieftraurigen Blick. »Und meine Tierchen?«, fragte sie leise. »Was wird aus denen?«

Ich gebe zu, ich habe ihre »Tierchen« bisher nicht erwähnt. Zum einen, weil ich sie lange Zeit ignorierte, zum anderen, weil sich hier die morbide Seite von Alaska manifestiert. »Na was soll's? Sie bleiben hier. Hier gehören sie her ...« Mein alter Röntgen-Blick – der Blick, den eigentlich jeder Schriftsteller hat – wanderte damals durch die Zimmerdecke hindurch ins nächste Stockwerk, in ein muffiges, lila gestrichenes Zimmer, wo ein Stoffwechselleichnam von bedauernswerter Hilfsbedürftigkeit vor sich hin vegetierte. Dieses »Tierchen« hieß Bommel und war ein etwa 50-jähriger Junkie, der seiner Gewohnheit in einem eigens eingerichteten Fixerraum auf der berühmten Davidswache nachging. Er drückte legal, im Unterschied zu Alaskas anderen »Tierchen«, von denen wohl viele ihr täglich *smack* auf einem verrußten Teelöffel kochten. Ja, ja, *the dark side of the spoon* ... Doch nicht alle hier hatten ein Drogenproblem. Es waren auch arbeitsscheue Penner dabei, soziale Härtefälle und nicht ganz ausgeschlafene Säufer. Ganz gleich, was ihnen fehlte, sie verehrten *ihre* Alaska, und wenn die mal wieder von einer Weltreise kam, dann wurde sie wie die leibhaftige Mutter Teresa oder die heilige Johanna der Schlachthöfe mit *standing ovations* empfangen.

»Kein Wunder«, dachte ich mir so im Stillen: »Stell dir vor, du bist Bommel, ein Wrack mit einer legalen Nadel im Arm. Du liegst gerade vor deinem Fernseher, völlig zugeballert, und schlabberst eine angetaute Tiefkühl-Pizza in dich hinein, du denkst an nichts Böses, nein, wirklich, und da öffnet sich plötzlich deine lila gestrichene Tür. Sofort fragst du dich, wem du noch Geld schulden könntest – doch bevor dir die Muffe so richtig zu sausen beginnt, sieht eine bronzefarbene *Outdoor*-Göttin auf dein Lumpenlager herab. »Hallo, Bommel! Ich bin gerade aus Kambodscha zurück und habe dir einen buddhistischen Zahnbürstenhalter mitgebracht.«

Na, was sagt man da, Bommel? Sicher nicht, dass du keine Zahnbürste hast … Oder dass dir eine Hugo-Boss-Windel vielleicht noch nützlicher wäre als dieses Ding. Doch eher: »Oh, danke, große Mutter der Globetrotter!« Und weil du weißt, dass das nicht ausreichen wird, stammelst du noch ein paar Worte der Rührung dazu, ja, du kriegst dich über diesen Unsinn gar nicht mehr ein: »Was für ein wunderschöner, froschgrüner, kambodschanischer Zahnbürstenhalter! Ist der wirklich für mich? Wieso habe ausgerechnet ich dieses wunderbare Kleinod verdient?« Alaska ist inzwischen schon eine Tür weiter, denn auch das nächste menschliche Wergbüdel verdient ihre Wahnsinnsmitbringsel. Sie muss jetzt einfach weiter, zu einer anderen Mikro-Batterie ihrer *emotional homebase*, und Bommels Chance, seinen Niedlichkeitsfaktor zu unterstreichen und ihr so nebenbei einen Zehner oder Zwanziger aus den Rippen zu leiern, ist leider passé.

Mir brachte sie auch eine Menge mit. Den geschmackvollen Penisköcher zum Beispiel, die Anspielung war nicht zu übersehen.

Von Hamburg aus fuhren wir manchmal nach Sylt. Ein paarmal sind wir schwimmen gegangen, nackt, in der eiskalten See, und hier in der Brandung warf sie sich mir an den Hals. Die Angst vor einer Nierenbeckenentzündung und die Berührung ihrer nasskalten Haut ließen mich augenblicklich erschaudern – ob sich ein Hai so anfühlt, wenn er dich das erste Mal unter Wasser berührt? Wäre ich der Mann gewesen, der ich einmal war, vielleicht hätte ich es tatsächlich geschafft, mehr zu tun, als sie mit einem Nasenkuss zu verwirren. Doch es blies an diesem Tag ein schneidiger Wind, und ich dachte, noch während ich an ihrer meersalzigen Nase saugte, an die warme, bernsteinfarbene Stube von Fisch-Fiete … und eine knusprige Seezunge … und ein Ballett ostfriesischer Liliputaner, die – ihre Südwester schwenkend – ein Seemannslied in plattdeutscher Mundart anstimmten … Ja, so verzweifelt war ich, denn es ist wirklich nicht leicht, nahe am Gefriertod noch Männchen zu machen. Ich glaube, Alaska fand meine Performance enttäuschend. Sie hielt es noch lange aus in der Flut. Wahrscheinlich hoffte sie, es könnte ein Wunder geschehen.

Ich dagegen saß fröstelnd am Strand und spürte die Art von Harndrang, die immer auf eine entzündete Blase hindeutet. Wohlwollend riet sie mir abends, viel Sanddorn zu essen. Es sei gut gegen Fieber. Ich rächte mich, indem ich ihr zu beweisen versuchte, dass Reisen nichts bringe: Als Erklärer wissenschaftlicher Modelle, die ich selbst nicht völlig verstand, zeigte ich ihr die fraktale Küstenlinie, die Helge von Koch 1904 aus Schneeflocken hergestellt hatte. Ich versicherte ihr, die Welt in einem Sandkorn finden zu können, und zeigte ihr auch den Mandelbrotbaum, diese Inselketten, die unablässig aus dem Nichts hervorwucherten. Sie meinte, es sei nicht dasselbe. Was sie mehr interessiere, sei der Motorboot-Führerschein. Und den machte sie dann.

Während Alaska Navigationstabellen und Seemanns-Termini paukte, begann ich wieder zu schreiben.

Alles andere jenseits des Schreibtischs nahm ich nur wie im Halbschatten einer winzigen, fernen Lichtquelle wahr. Dass Alaska irgendwann wieder auf Reisen gegangen war, erleichterte vieles.

Manchmal dachte ich an unsere Beziehung wie an eine astronomische Konstellation; zwei fremde Planeten, die einander im Bann einer Strahlenquelle umkreisten und sich dabei – in einem grellen, erbarmungslosen Licht, wie es vielleicht nur von der Wahrheit ausgeht – in ihrer völligen Unfruchtbarkeit einander darboten: Sie, eine vernarbte Kraterlandschaft, und ich, eine Art Komet mit giftigem Kern. Zu lange hatten wir uns in einer Atmosphäre von Melancholie und Fernweh umkreist, in der Hoffnung, dass der äußere Anschein nur trüge, und dass wir es doch schaffen würden, aus Staub und Permafrost Blüten zu treiben.

Vielleicht wollte sie wirklich mehr, denn manchen Abend hatte sie ihr Leben wie ein Kartenspiel vor mir ausgelegt. Es hatte alles symbolischen Wert, wie Tarot-Karten, die sie zog und die ich deuten sollte – natürlich so, dass all die Irrwege *ihres* Lebens letztendlich *mein* Schicksal ergaben. Selbstverständlich fiel ich nicht darauf rein. Ich kannte ja ihre Rastlosigkeit, und die passte nicht mehr zu meinem neuen Lebensentwurf, der ein wesentlich ruhigerer war. Vielleicht erzählte ich ihr von meinen Umzugsplänen zu spät, sie schien es zunächst mit Fassung zu tragen.

»Krasse Nummer«, meinte sie nur. »Abgefahren.«

Es war ein merkwürdiger Bruch, der kurz darauf folgte – ein langer, von schmerzlichen Wahrheiten gespickter Brief. Einen Brief, den man nicht zweimal liest, weil er zeigt, wie fremd man sich trotz aller Ähnlichkeit war: Eine Zugbekanntschaft, eine Mitreisende, mit der man eben noch über Gott und die Welt geplaudert hat, steht plötzlich auf und verkündet in bedauerndem Ton, sie müsse jetzt leider aussteigen, jetzt gleich, unbedingt – als müsse sie einer unbekannten Verpflichtung nachkommen.

Und dann steigt sie tatsächlich aus. Der Zug fährt weiter, man sitzt ernüchtert auf seinem Platz. Vielleicht floh sie gar nicht vor mir, sondern vor den Marketenderinnen des romantischen Prinzen, dem ganzen Rattenschwanz aus Weltschmerz, Krankheit und Trostlosigkeit. Oder vielleicht war es gerade das, was sie suchte.

Zurück blieb ein beschämendes, ein quälendes Gefühl – als hätte man die Zeit eines anderen Menschen sinnlos verschwendet. Vielleicht war ja auch alles gesagt: Schon nach unserer Tour auf den Gipfel des Piz Palü im schweizerisch-italienischen Grenzgebiet hatte sie mir einmal geschrieben,

das hätten wir zusammen geschafft, und ich dürfe das nie vergessen. Keine Möglichkeitsform, sondern ein Schlusspunkt.

Ach, Alaska: An die Mauern der Langeweile schrieb ich einst
deinen Namen.
  Die Zeit wischte linkisch darüber hinweg.

Felsgeburt

Haben Sie den Sturz des Kaiserreiches vernommen?
Nein: Nichts hat die Ruhe dieses Ortes gestört.
— FRANCOIS-RENÉ CHATEAUBRIAND

In den Bergen habe ich zum ersten Mal meinen Geburtstag vergessen. Erst Tage später bemerkte ich das frische Kalenderblatt an der Wand und erinnerte mich. Was in der Berliner Bohème vielleicht als Zeichen von Luxusverwahrlosung gelten mag, hat hier oben keine Bedeutung. Ein Tag, ein Jahr, ein Jahrzehnt – manchmal dachte ich, es macht keinen Unterschied aus.

Um ehrlich zu sein, der ausgefallene Geburtstag trug eher zu meiner Erheiterung bei: So schnell wird man zeitlos. Zumindest wenn die Gefährtin an diesem fragwürdigen Tag abwesend war. Oder kündigte sich so das Schicksal eines Weltflüchtlings an?

Ab einem bestimmten Alter empfiehlt es sich ohnehin nicht mehr, die Jahre zu zählen. Und Geburtstagskinder, solche, die sich so richtig schön freuen, haben mich von jeher enorm irritiert. Was sagt uns der *status nascendi*? Ein Erwachen in Blut und Schleim, so ähnlich, wie es für viele auch wieder hinausgehen wird ... Ist das so schön? Überhaupt – zu feiern, dass man noch lebt, lässt auf vieles, nicht aber auf allzu großes

Vertrauen in den Fortbestand der eigenen Existenz schließen. Im Spinn einer Großstadt mag es richtiger und begründeter sein zu feiern: im Rattenrennen die spitze Schnauze zu heben und sich in dieser Schrecksekunde zu beglückwünschen, dass man auch diese Runde hinter sich hat, dass man noch immer kauft und verbraucht und somit seinen Beitrag zum Bruttosozialprodukt leistet, auf jeden Fall noch nicht zur vernutzten und ausgemusterten Masse gehört. Und schon geht es weiter – im großen Kreis, nicht wie hier in den Schweizer Alpen, von Außerberg zum Baltschiedertal und der dort gelegenen Klause. Hier geht es einfach hinauf.

Ich hatte die Tour schon seit Wochen geplant, doch irgendetwas machte mir in diesem Herbst immer wieder einen Strich durch die Rechnung. Mal war es das Wetter, mal die Frau, mal hartnäckige Behörden oder die notwendige Brotschreiberei; all das hinderte mich, meinen Rucksack zu packen. Dabei muss man doch einfach nur die Tür aufmachen, einmal tief Luft holen, und es geht los. Schon nach ein paar Hundert Metern sind der ganze Schlamassel und die Ungemach des Daseins vergessen. Man ist nicht mehr da, ist weg von der deprimierenden Überbauung unserer Städte.

Die Füße wissen, wohin es geht, sie »schreiten« aus, wie es in den alten Bergbüchern hieß. Und die Seele reist etwas langsamer hinterher. So sortiert sie sich, lässt endlich los und wird plötzlich von der physischen Fortbewegung getragen. Wer lenkt? Die Seele ist es nicht. Fast könnte man sagen, der Wanderer ist Träger einer Bewegung, die das Denken, Fühlen und Handeln bestimmt und doch nicht seinem eigenen Willen gehorcht. Aristoteles sprach einst vom unbewegten Beweger; heute weiß ich, er meinte den Berg. Natürlich ist es für die meisten ein Schock zu erkennen, dass ihnen der Körper gar nicht gehört, dass er – je länger er im Sog, im Gehen ist – wie etwas Fremdbestimmtes agiert. Und dass das wichtige

Persönchen, das man für die ganze Welt darstellt, eine kleine Zwangspause einlegen muss. Abends, auf einer Hütte, kommen Geist und Körper endlich gemeinsam in der Gegenwart an. Und alles ist wieder gut.

An einer Stelle etwas oberhalb von Außerberg, wo sich jeder in der Kurve abbremsende Zug nach einem verreckenden Alphornbläser anhört, steige ich ein – nicht in die Wand, sondern in den Rhythmus der Landschaft. Die ersten Kilometer geht es an der Niwärch, einer alten Wasserleitung, entlang und abwechselnd über mit Nadel- und Blatthumus bedeckte Trassen fast unmerklich hinauf. Streckenweise verschwindet der Trampelpfad unter glitschigen Farnen und Knüppelholz, von dem es ölig schwarz tropft.

Es geht bergauf, die Luft ist trocken und frisch, wer es wie ich mit den Bronchien hat, der weiß den Herbst im Wallis zu schätzen. Wenn sich die Lärchen goldgelb und rostbraun verfärben und das Seidenblau des Himmels fast reiner ist als an einem Hochsommertag, dann zieht es selbst das seit Generationen hier lebende Bergvolk noch einmal hinaus. Jetzt ist die Zeit, wo man hier oben fast nur noch Einheimische trifft, sonnenverbrannte Senner und ihre Clans, alte Dorfkönige und ihre kinderreichen Familien, angesäuselte Schafhirten oder verwegen aussehende Tramper – oder auch einfach nur Charlie Lau, unseren Bäcker, der aber selten weiter als bis zum Aletschwald kommt.

Man spürt, die Natur sammelt sich für den ersten Ansturm des Winters, der hier recht schnell und hart hereinschneien kann. Die Murmeltiere, diese klugen Lebensverschläfer, werden in wenigen Wochen ihre unterirdischen Gemächer beziehen. Bald legt sich das erste Weiß auf die Matten, und mit dem Wandern ist es dann erst mal vorbei.

Viel Besuch hat mein Ziel, die Baltschiederklause, wohl schon in den letzten Wochen nicht mehr gehabt. Nicht umsonst gilt sie als eine der entlegensten Hütten des Schweizer Alpen-Clubs. Ich hoffe, dass sie noch bewirtschaftet ist, denn ich wandere mit leichtem Gepäck: Eine Wasserflasche, Äpfel und etwas Trockenfleisch, mehr habe ich selten dabei. Auch wandere ich ohne Karte. Ich habe zwar immer eine dabei, doch es kommt selten vor, dass ich mich länger in kartografische Signaturen vertiefe. Für Umwege bin ich dankbar. Ich muss einfach nur gehen, die Zeit in zurückgelegte Kilometer umsetzen und den mal tosenden, mal gluckernden Baltschiederbach im Blick behalten. Denn der fließt auf das Jägihorn zu. Und vor dessen südlichen Wänden liegt seit 1922 die von Thunern erbaute Baltschiederklause. Daran wird sich so schnell nichts ändern.

Statt mich um Wegezeichen zu kümmern oder gar auf die gepixelten Pfeile eines GPS-Handys zu achten, lasse ich die Natur auf mich wirken, mal das hervorleuchtende Moos zwischen den Felsen, mal die wolligen Gräser und Sträucher, dann wieder die letzten gaukelnden Schmetterlinge – Zitronenfalter, Apollos und silberpelzige Bläulinge –, die es immer noch gibt. Ich weiß, sie sind nur noch für kurze Zeit da, dann überführt sie der strenge Frost in eine noch stillere Welt. Die menschliche Lebenserwartung ist glücklicherweise um einiges länger. Man fragt sich trotzdem, ob ein Sommer wohl ausreichen würde, ein reflektiertes Verhältnis zu sich selbst, zum eigenen Werden und Vergehen, zu entwickeln. Die Leuchtkäfer haben bekanntlich noch weniger Zeit. Ein paar Stunden, und sie liegen wieder leblos im Gras.

Je länger ich wandere und dieses große Netz von Ähnlichkeiten, Sympathien und Nachbarschaften durchstreife, umso mehr spüre ich die kausale Bindung zwischen Pflanzen, Tieren und Steinen. Intuitiv begreife ich, dass es im Grunde nur ein einziges Lebewesen gibt auf der Welt: das Wesen Natur, und dass ich auch als Mensch, der über diese Natur lesen und schreiben kann, nur einen Teil dieser vielspältigen, vieleinigen Vielheit ausmache, die hier noch bis in die Eisenzeit hinein verehrt wurde.

Von all den Vorstellungen, die im Laufe von Jahrtausenden von der Schöpfung entstanden sind, dürfte ausgerechnet dieser verdrängte, aus dem Indogermanischen stammende Gottesbegriff den Erwartungen des modernen Menschen an seinen Gott gerecht werden. Er ähnelt der Vorstellung, dass ein kollektives Gedächtnis der Natur existiert, und jedes individuelle Erinnern Teil dieser umfassenderen Erinnerung ausmachen wird.

Immerhin lässt schon die Tatsache, dass nahezu alle Elementarteilchen stets Gegenpolung aufweisen, die Schlussfolgerung zu, dass die Schöpfungskraft in ihrem Wesen heterogen ist; dass eben nicht alle und jedes ein Gleiches sind. Jede monotheistische Auslegung hat diese Tatsache bislang ignoriert: Wer nur einen Gott kennt, scheint automatisch zu glauben, wir alle müssten ihm gleichen. Was natürlich angesichts der geschaffenen Vielfalt ein Ding der Unmöglichkeit ist.

Oder der Böswilligkeit. Erst die Zerrissenheit, die zum Beispiel durch die Spaltung in Yin und Yang ausgedrückt ist und die dem klar nachfühlbaren, inneren Widerspruch der Schöpfung entspricht, brachte die Vielfalt der Arten hervor. Die Schmetterlinge, diese fliegenden Muscheln der steinernen Meere, führen uns das recht deutlich vor Augen. Aus einer unansehnlichen, gefräßigen Raupe wird etwas, das man nur biologische Poesie nennen kann.

Vergleicht man fossile Funde ein- und derselben Gattung aus verschiedenen Erdzeitaltern, wird noch etwas klar: Bei der Epigenese – diesem einzigartigen Werdestrom – handelt es sich um einen Ästhetisierungsprozess. Jede Lebensform – und das schließt den Menschen mit ein – liegt vermutlich irgendwo auf halbem Wege zwischen Möglichkeit und Manifestation. Wir sind noch nicht da, wo wir sein könnten. Ganz sicher nicht. Doch mit jeder Stufe, die sie nimmt, treibt die Evolution nicht weniger als ihre eigene Überwindung voran. Dabei »denkt« sie manchmal in zwei, drei, manchmal in x Richtungen fort, weshalb sich das Prinzip der Verästelung in allen Stammbäumen nachweisen lässt: Ein blindes Suchen und Tasten, ein *trial and error*, ist das nur aus anthropozentrischer Sicht.

Schließlich steht die Vielfalt der Lebensformen für das Prinzip der schöpferischen Vielheit, von den indischen Gurus *Parusha* oder *Prakriti* genannt. Die Druiden kannten dafür zwei bis heute gültige Zeichen: Spirale und Baum. In Stein gekratzte Darstellungen dieser morphogenetischen »Ur-Wolken« belegen hinlänglich, dass die heidnischen Religionen nicht nur über eine tiefe Erkenntnis evolutionärer Gesetze verfügten, sondern dieser einen universellen Einsicht entsprangen. Giordani Bruno, der die Natur eine feile Dirne und das Naturrecht Schurkerei nannte, bezweifelte noch, dass Schöpfung und Natur je zu einem Endzweck zusammengewirkt haben könnten. Die Natur ist zweifellos mit dem, was sich Schöpfungskraft nennt, bis ins Kleinste identisch. Sie bedarf keiner außerhalb des Alls gelagerten Kraft. Selbst die Bibel verweist auf die Natur als schöpferisches Wesen, indem sie ganz klar von einem Baum der Erkenntnis orakelt.

Zu Recht wurden also die Launen der alten Götter Europas anhand der Naturerscheinungen – vornehmlich elektrische Entladungen und Stürme – gedeutet. Elementarwesen wie Nixen und Nymphen beseelten einst auch die Wälder und Seen der Schweiz. Wahrscheinlich ist der Elbst, der heute noch in einem Gewässer bei Seelisberg haust, ein letzter *genius loci* aus dieser vergangenen Epoche.

Was waren diese Naturgeister anderes als Schutzheilige? In einer intakten, naturheidnischen Religion war Umweltverschmutzung ein Frevel; infolgedessen wäre es damals wahrscheinlich nie zu einer größeren ökologischen Katastrophe gekommen. Erst die Auslagerung der Schöpfungskraft in ein Jenseits degradierte die gesamte Flora und Fauna zu verwert- und verhandelbarem Material. Die Missionare – diese Mamelucken des Glaubens – trieben den Entwertungsprozess mit allen Mitteln voran. Die Christianisierung war im Grunde ein einziger langer Kreuzzug gegen Mutter Natur. Ohnehin hat eine Wüstenreligion – und das ist das Christentum ja – schwerlich etwas mit den fruchtbaren, vor Leben strotzenden Regionen Mitteleuropas zu tun. Hier baut man sich auch kein Minarett, um seinen Herrn anzurufen; hier steigt man, wenn einem danach ist, einfach auf einen Baum.

Von diesen Gedanken begleitet, nähere ich mich meinem ersten Rastplatz. Das Baltschiedertal ein menschenleeres Hochtal zu nennen, ist nicht verkehrt, obwohl man unterwegs ab und an noch höher gelegene menschliche Ansiedelungen ausmachen kann: Bergdörfer unter dem Gärsthorn, die sich, aus der Ferne betrachtet, von der Größenordnung her kaum von weidenden Schwarznasen-Schafen unterscheiden. Der Blick in die Weite dieser Schöpfungslandschaft öffnet auch innere Räume; wer sich hier »unendlich klein« fühlt, der macht mit Sicherheit etwas verkehrt. Die Michabelgruppe mit Dom, Täschhorn und Lenzspitze im Rücken, geht es immer weiter auf die Ausläufer des westlichen Aarmassivs zu. Auf der anderen Seite schließt sich das obere Lötschental an, es ist mit etwas Kletterei von der Klause gut zu erreichen. Nach einer Brücke über den Baltschiederbach führt ein schmaler Weg eine teils grasige, teils mit Lärchen bestandene Flanke hinauf, ein Bachlauf leitet zu einem verlassenen Ort. Die Karte sagt Eiiltini – inneres Senntum. Aha. Doch die Stallungen sind ebenso leer wie die Häuser. Verglichen mit dem, was der Walliser unter einer Maiensässe versteht, entspricht das meiste hier einer provisorischen Bleibe. Ein von Hand beschriftetes Schild weist auf Trinkwasser hin – hier haben offensichtlich gute Menschen gewohnt. Vielleicht wohnen sie auch immer noch hier, zumindest die Sommermonate über, denn echte Senner führen nach wie vor ein nomadisches Leben.

Vor einer Terrasse, deren Architektur auch auf einen Campingplatz irgendwo in Brandenburg passen würde, mache ich Rast. Die Vorstellung, allein zu sein, trügt allerdings: Zwei Berg-Hobos grillen gleich nebenan vor einer dicht gezimmerten Bude. Sie sind überrascht, mich zu sehen, und fragen, ob ich etwas abhaben will – Maiskolben, verdächtig aussehende Parasol-Pilze und Brathähnchen »von einem Bauern aus Eggen«. Im Übrigen weht eine ordentliche Fahne zu mir herüber, sie haben Selbstgebrannten dabei. Aus den vielen Aprikosen, die es hier gibt, wird nicht nur Marmelade gemacht. Dass sie Schafzüchter sind – Schwarznasen-Züchter – aus Visp, macht uns quasi zu Nachbarn. Und dass ich in der Lage bin, ihren Dialekt zu verstehen, das finden sie »für einen Deutschen« gar nicht schlecht. Sie würden sich selbst kaum verstehen, die »swer sprak«, sagt der eine.

»Trilli-tralli, trilli-tralli!« Was immer sie damit meinen. Ich setze mich jedenfalls an ihre Träscha – wie die Feuerstelle hier heißt.

Die Baltschiederklause ist ihnen auch ein Begriff. »Einmal hat mir gereicht«, meint der mit dem Ohrring und der getönten Brille. »Das ist noch ein Stück … Und am Ende des Tals, da geht es erst richtig los. Elende Durststrecke!« Dabei blickt er stirnrunzelnd auf seine Uhr. Später erzählt er auch von einer *Hüttensau* namens Tanja und dass ich ja nachts aufpassen soll. »Was das Servicepersonal heute alles anstellt, um sich noch was bei zu verdienen.« Noch etwas später stellt sich heraus, dass er eine andere Hütte in einem anderen Tal meint – in Tirol … Es sind die üblichen derben Späße, wie sie Männer machen, die selbst auf dem Trockenen sitzen.

Dennoch sind diese beiden aufrichtige Kerle geradeheraus mit dem, was sie sagen. Denn wenn es eine Pflanze gibt, die hier oben in aller Abgeschiedenheit blüht und gedeiht, dann ist es die Wahrheit. Sie ist vielleicht die schönste Blume der Alpen. Hier raubt ihr kein moralinhaltiges und ideologisches Unkraut das Licht. Man sagt es so, wie es ist, und so ist es gut. Jeder, der die Berge bewusst abseits der ausgetretenen Pfade durchstreift, weiß, wie stark diese schlichte Blume riecht. Sie ist auch der Grund, warum ein Bergwanderer den anderen grüßt. Warum man jemanden einlädt, wenn man von etwas im Überfluss hat. »Gäbe wer, solange wer hey!«, heißt der Volksspruch, der bis heute Gültigkeit hat. Die Standesunterschiede haben hier nicht etwa aufgehört zu bestehen – es hat sie vielmehr nie wirklich gegeben. Das Gefühl einer ungewissen Zukunft sitzt von jeher mit den Menschen am Tisch; das stärkt die Gemeinschaft, vor allem in Zeiten der Not. Genau dieses Gefühl liegt jetzt in der Luft. Man kennt sich eigentlich nicht, und gehört doch zusammen.

»Ja, die staatlichen Subventionen haben vieles erleichtert, aber die Schafzüchterei bleibt ein ziemlich defizitäres Geschäft«, merkt der jüngere der beiden an.

»So wie das Leben«, tröste ich ihn.

Da müssen sie lachen, und wir trinken einen hochprozentigen Fingerhut auf die Wahrheit. Was immer es ist, es schmeckt fast wie Cointreau, aber dann doch eher nach Aprikosenschnaps oder wie eine Mischung aus beidem. Der Ältere will mir noch eine Flasche verkaufen, aber ich lehne ab. In den Bergen nehme ich immer nur das Nötigste mit. Wenn man kein Geld hat für spontane Käufe, ist das Leben auch ein ganzes Stück einfacher; man kann auf Impulse, die

aus der Schmelze einer weit verbreiteten kommerziellen Lie-
derlichkeit stammen, nicht reagieren. Nirgends ein unwider-
stehliches Angebot oder ein Schnäppchen, dem ich zuspre-
chen könnte. Wie schön. Ich fühle mich – um dem Erhalt des
eigenen Selbstwertgefühls Rechnung zu tragen – geradezu
verpflichtet, auch das netteste Angebot als Überfluss abzutun.
   Wie befreit geht man dann durch den Tag.

Die unerwartete Rast hat gedauert: Schon halb vier. Natürlich bin ich viel zu spät dran, ich muss schnell Höhe gewinnen. Immer wieder kommt mir aber der breite Bach in die
Quere, und es wird heiß. Sehr heiß sogar. Erst jetzt merke ich,
wie ausgetrocknet ich bin, und dass es doch besser gewesen
wäre, die Wasserflasche an der Quelle von Eiiltini zu füllen.
Andererseits bin ich ja von Bächen umgeben. Das Wasser des
Baltschiederbachs wird von mehreren Gletschern gespeist, es
ist eiskalt und sicher nichts für Mikroben. Entkeimungstab-
letten habe ich nie dabei, wir sind hier schließlich nicht im
Sudan. Weiter geht es, dem gurgelnden und fauchenden Wasser nach in die feinsandige Schwemmebene hinein, mal über
Geröllhalden und Moränen hinweg, mal über wacklige Stege.
Das Jägihorn ist jetzt deutlich zu sehen. Ein anfliegender Heli
verrät mir dann auch die Lage der Hütte, die ansonsten vor
den graubraunen Felswänden unsichtbar ist. Einmal in ihren
Konturen erfasst, wirkt sie zum Greifen nahe. In endlos langen Kehren und mit Sicht auf den Üßren Baltschiederglet-
scher führt der Weg nun hinauf.

Wo immer die unbelebte Materie in Bewegung geraten ist,
wo sich Elementarkräfte streiten, entstehen Strukturen von
ästhetischem Reiz: die Oberflächenformen des Gletschers,
seine gleichmäßigen Querspalten und Eiswülste, das Netz der
Wasseradern am Gletschertor. Selbst das Geschiebematerial
auf den Moränen zeigt eine gewisse Struktur. Aus der Indif-

118

ferenz des gefrorenen Wasser entstehen überall ohne menschliches Zutun Formen und Muster. Die Natur scheint gar nicht anders zu können; jede scheinbar regellose Zusammenballung bringt – wie die Chaosforschung hinlänglich bewiesen hat – selbstähnliche Fraktale hervor, die das Größte im Kleinsten spiegeln. Nichts anderes macht, nüchtern betrachtet, den Reiz einer Berglandschaft aus. Wer eine Weile sucht, der wird in jedem Hochtal der Schweiz einen Stein finden, der dem Matterhorn gleicht, winkelgenau. Meine Frau fand einen nur wenige Meter vor unserer Haustür.

Man darf nie vergessen, was diese Erkenntnis auch für den Menschen bedeutet. »Ein organisches Wesen ist ein Mikrokosmos«, notierte sich Darwin 1868, »ein kleines Universum, gebildet aus einem Wirt von selbstreproduktiven Organismen, die winzig klein und so zahlreich wie die Sterne sind.« Alles organische Leben besteht aus energetischen Verknotungen, Ursache des Verschlingens oder Verschlungenwerdens, Ursache von Anziehungen sexueller oder bestialischer Art, das ist der charakteristische Wesenszug der Natur. Und mit welchem Recht glaubt der Mensch, dieses Wesen jemals überwinden zu können?

Wir waren viele, bevor wir eins wurden, und werden es wieder sein.

Wo der Weg zu einem verlassenen Bergwerk abzweigt (hier oben wurde tatsächlich einst Molybdän abgebaut), geht es an einem umgedrückten Gedenkkreuz vorbei. INRI 1953, demnach kein so altes Kreuz. Bei der Frömmigkeit der Walliser ist es dennoch ein Wunder, dass es nicht längst wieder kerzengerade steht. Andererseits: Was von tonnenschweren Schneemassen platt gewalzt wurde, lässt sich von Menschenhand nicht mal so im Vorbeigehen richten. Die Natur hat hier oben das letzte Wort. Wer das vergisst, wer sich verkombiniert oder verschätzt, der muss sich nicht wundern, wenn ihn die ganz große Fliegenklatsche erwischt.

Der Weg verläuft sich jetzt immer wieder oder stellt sich als Kuhpfad heraus. Unterhalb des Stockhorns, wo sich der flache, von Kalkstein getrübte Baltschiederbach in zahllosen Wasserläufen verliert, heißt es zum ersten Mal spuren. Der Untergrund ist hier manchmal fast schlammig. Die Vorstellung, auch nur so eine Art Dinosaurier zu sein, der in der Meeresmolasse seinen Fußabdruck hinterlässt, trägt im abnehmenden Tageslicht zur Heiterkeit bei und tröstet über nasse Füße hinweg. Im halb ausgetrockneten Flussbett sehe ich einige Schritte später Millionen glatte, ovale, augenlose Gesichter. Fast gleichförmig hat das Wasser die Kiesel abgeschliffen: »Ein Stein verliert im Strom seine Ecken und Kanten«, denke ich, und die Parallele zum Menschen liegt nahe. Zerklüftete, in sich brüchige, höchst individuelle Steine dagegen finden sich nur am Rande des Stroms. Ich könnte heulen; nicht, weil mich der Widerstand inzwischen schmerzt, den meine Beine noch immer leisten, sondern weil ich begreife: Es geht eben nur so oder so: Man stirbt als einer, man stirbt als keiner.

Je länger ich gehe, je länger ich in diese metaphysische Landschaft eintauche, die mich ihrerseits von allen Seiten durchdringt, umso deutlicher spüre ich die in den Gesteinen gespeicherte Lebenslust: Jeder Kiesel, jedes noch so kleine Körnchen hat nur diesen einen Wunsch zu existieren. Die von Menschen künstlich aufrechterhaltene Grenze zwischen dem organischen und dem anorganischen Reich beginnt zu zerfließen. Man ahnt, dass es so etwas wie tote Materie gar nicht gibt, denn alles, was lebt, entspringt ja dem inneren Drang zur Struktur. Deren schönste Ausprägungen, die Kristalle, balancieren auf dem schmalen Grat zwischen organischer und anorganischer Existenzweise. Ist ihr Wachstum

120

kein Leben? Im Binntal, südöstlich von hier, sind die Felsen stellenweise regelrecht von Kristallen durchwuchert. Dort trifft man auch heute noch mit Geologenhämmerchen bewaffnete Strahler-Trupps an – Kristallsucher, die es angeblich bereits in der Römerzeit gab.

Hier im Baltschiedertal begegne ich nur »Steinmännchen«, die als Wegmarkierungen dienen. Manche davon haben eine beachtliche Größe. Da sich der Pfad immer wieder verliert, erfreut sich der Wanderer an ihrer wachsenden Zahl. Wie die Ureinwohner dieses verwunschenen Hochtals stehen sie plötzlich überall und weisen den Weg. Ob diese Steine, falls sie denn reden können, zu denen gehören, die Gott loben und preisen? Wo die Menschen schweigen, werden die Steine schreien – das steht nicht nur in der Lutherbibel geschrieben. Damit war wohl das Zeugnis-Ablegen, aber auch das Erbarmen gemeint. Doch Steine lassen sich bekanntlich sehr selten und schon gar nicht von Worten erweichen. Um ihnen beizukommen, wurden die härteren Hämmer erfunden. »Nur fallendes Wasser höhlt wohl den grauen Fels« – schreibt Chastelain de Couci, ein Troubadour des 12. Jahrhunderts. »Man säe niemals auf Felsen« – empfiehlt Paracelsus, der in der Schweiz geborene Alchemist, Astrologe, Laientheologe und Philosoph aus dem 15. Jahrhundert. Und eine spanische Volksweisheit besagt, Bestechlichkeit höhle den härtesten Stein so lange aus, bis er zerbricht. Welcher dieser Thesen man auch anhängen mag, man kann Praktisches aus ihnen lernen: Dass zwei gleich harte Steine schlecht mahlen, das trifft auch auf zwei gleichgeartete oder gleich »harte« Menschen zu. Die Unterschiede sind wichtig für das Miteinander. Kein Stein wie der andere, kein Mensch wie der andere – vielleicht ist das die unbedingte Erkenntnis, hier am Ende des Tals.

Vor glattgestrichenen, schwefelgelben Federwolken lege ich die letzten hundert Höhenmeter zur Hütte zurück. Endlich taucht sie auf, eine aus Stein gemauerte Zuflucht wie in einem Bergfilm der 1930er-Jahre. »2783 Meter« steht über der Tür. Die lackierten Fensterläden verströmen einen Hauch von gelebter Helvetik, freilich einer vergangenen Zeit.

Der Weg steckt mir jetzt wie Blei in den Knochen. Wenn es darum ginge, ein kollektives Ziel unserer Spezies vorzuschlagen, ich würde die Verbesserung unserer physischen Komponenten an erster Stelle nennen. Da müsste in Zukunft noch einiges gehen.

Erschlagen vom Kampf mit der Schwerkraft genieße ich den Sonnenuntergang über dem Bietschhorn, dessen wolkenumlagerte Spitze kupferrot zu leuchten beginnt, als stünde ein Vulkanausbruch unmittelbar bevor. Außer mir sind noch zwei alte Berggänger da, verschlossen wirkende Männer, die aus dem Lötschental kamen und sich nur durch Augenzeichen zu verständigen scheinen. Endlich kommt die Wirtin – sie heißt tatsächlich nicht Tanja – und fragt, ob ich Nachtessen will: Es gibt Kartoffeln, Speck und getrocknete Bohnen, eine Walliser Spezialität. Da sagt man am Ende des Tages nicht Nein.

Letzte Streiflichter, dann ist der mächtige Berg nur noch ein Schattenschnitt, der sich unter den anderen einreiht. Hier draußen weht ein eisiger Wind vom Gletscher herauf. Der Tee, den mir die Hüttenwirtin bringt, kühlt im Rekordtempo ab. Auch die beiden alten Berggänger zieht es nun in die Wärme der Hütte hinein. Ich bleibe trotzdem noch eine Weile hier draußen, während die Dunkelheit wie ein graues Schemen heraufkriecht. Von den weißen Spitzen des Michabels ist bald nichts mehr zu sehen; schließlich reicht der Tiefblick nicht mehr zum Ausgang des Baltschiedertals. An den westlichen Hängen dagegen glitzern jetzt die Lichter der hochgelegenen Dörfer wie glimmende, bernsteinfarbene, vom Himmel gefallene Sterne.

Ich notiere: Hier erst, auf einem der vorgelagerten Dächer der Welt, blickt man fast sehnsüchtig zu den fernen Lagerfeuern der Menschen zurück. Man wünscht sich, dass sie ewig so leuchten mögen in der kosmischen Nacht, die sich mit der Nacht der westlichen Halbkugel vermählt und der sie noch weniger bedeuten dürfte als einem Nachwanderer die Glühwürmchen, die er unterwegs sieht. Da war mal etwas – was war es, bevor es wieder verlosch?

Man glaubt die Steine schon jetzt schreien zu hören.

Schlaft gut, ihr Menschen.

NEUNTES KAPITEL

Wie ich zum Schneemenschen wurde

Schneewalzer

Der Mensch ist die Summe
seiner klimatischen Erfahrungen.
– WILLIAM FAULKNER

Gerda hat Schnee mitgebracht. Richtig viel Schnee. Als ich
sie spätabends von der Bergstation abhole, fallen die Flocken
so dicht, dass man glaubt, in der dichtesten Nebelsuppe zu
schwimmen. Den ganzen Tag über habe ich zusehen müssen, wie sich unsere von Bronzetönen bestrichene Alp in eine
arktische Rundhügellandschaft zu verwandeln begann. Dabei hatte es am Morgen ganz harmlos begonnen. Feiner, pul-
veriger Schnee, fast wie Graupel. Ach, das wird schon wieder,
dachte ich noch.

Jetzt sind die Flocken so groß wie Eiderdauen, sie sind
nass und schwer. Und diesmal bleiben sie liegen. Die Luft
ist schneidend kalt, so kalt, dass man glaubt, die Nase werde einem jeden Moment abfallen müssen. Auf jeden Fall ist
das Wetter nichts für einen längeren Fußmarsch mit Gepäck.
Seufzend hieve ich die Tasche und das Rollköfferchen auf
einen Schlitten und wir machen uns auf den Weg. Langsam,
Schritt für Schritt, das Gesicht aus dem eiskalten Wind dre-
hend, rutschen, stampfen, trotten wir voran. Eigentlich be-
wundere ich Gerda für ihren Mut. Es ist sicherlich nichts für

Warmduscher, in eine hochalpine Lage zu ziehen. Der leicht schlurfende oder stampfende Gang, den man hier im Schnee an den Tag legen muss, ist auch nicht unbedingt *ladylike*. Und wetterfühlige Frauen, die zu Migräne neigen, haben noch ein Zusatz-Päckchen zu tragen, denn das Barometer macht hier oft genug rasante Sprünge. Es kommt vor, dass es um zehn Grad in der Stunde steigt oder fällt, das macht einem schwachen Kreislauf zu schaffen. Dann die Naturgewalten, die hier pausenlos um die Vorherrschaft ringen, sie bestimmen das Leben der Menschen, haben es immer bestimmt. Man muss sich der Natur anpassen können, unterordnen, wenn man so will, nach ihren Vorgaben leben. Wer das nicht kann, wer zu sehr auf seinem verwöhnten Standpunkt beharrt, für den wird es hier irgendwann gefährlich.

»In nur 48 Stunden ist so viel Schnee gefallen …? Oh, mein Gott …« Eine gewisse Ernüchterung spricht aus Gerdas Blick, aber ich kann ihr nicht helfen. Der Schnee gehört dazu, seit wir auf 2000 Meter leben. Natürlich bleibt die Erfüllung eines Traums immer hinter der Erwartung zurück, vielleicht besteht das ganze Leben nur darin, sich immer wieder selbst »zu ernüchtern«. In dieser pechschwarzen, arktisch anmutenden Nacht glänzt uns Verliebten kein Stern mehr vom Himmel. Während die erste hell beleuchtete Schneeraupe an uns vorbeilärmt, erzählt Gerda von Amsterdam und den Freunden, die jetzt auf den Grachten eine weniger weiße, aber gemütlichere Adventszeit begehen. Ich lache und habe den Eindruck, dass es ihr hilft, den steilen, verschneiten Hang zu überwinden, den dreidimensionalen »Horrorfilm«, der jetzt läuft, das andauernde Rutschen und Weggleiten oder Versinken in kniehohem Schnee. Das Haus leuchtet von Weitem wie ein bernsteinfarbenes Licht, nichts anderes ist mehr zu sehen, der Wanderweg und die Bruchsteinmauern sind längst verschwunden. Mist, ich hätte doch noch einmal vor dem Weggehen Schnee schippen sollen. Jetzt geht es über die

Terrasse ins Haus, das Erdgeschoss müsste in Schneegeschoss umbenannt werden.

Es ist unser erstes Weihnachtsfest auf der Alp und die Hartnäckigkeit, mit der Frau Holle ihre Kissen aufschüttelt, wirkt allmählich bedrohlich. Das ruft den Mann in seiner archaischen Rolle als Beschützer – oder ewigen Esel des Hauses – auf den Plan: Hier muss ich die Höhle warm halten. Wir umrunden einmal das Haus, soweit das überhaupt geht: Während Gerda ihre unter meterhohem Schnee begrabene Buddha-Figur, den Mittelpunkt der Terrasse, bereits schmerzlich vermisst, schweift mein Blick um die Ecke, dorthin, wo sich normalerweise die Holzvorräte befinden. Auch sie sind nicht mehr zu sehen. Da hatten mein Bruder Thomas und ich wohl umsonst fein säuberlich Scheite gestapelt. Glücklicherweise habe ich vorerst noch genug durchgetrocknetes Brennholz im Haus. Den Schuppen hatte ich bereits im November randvoll gefüllt. Im Grunde muss man immer mal damit rechnen, während der Wintermonate »abgeschnitten« zu sein. Die Faustregel heißt: Holz, Nahrungsmittel und Kerzen für mindestens sieben Tage. Gerade im Winter fällt der Strom oft genug für einen halben Tag aus.

Etwas erschöpft wärmen wir uns erst einmal am Feuer. Eigentlich eine ziemlich romantische Situation, die man nur aus dem Kino kennt. Aber wir erleben sie real. Und komischerweise spüre ich gerade jetzt, wie kurz die Zeit ist, die man miteinander hat. Zur Romantik gehört wohl immer eine Portion Pragmatismus, Liebe beruht auf der Entscheidung, einander mit Wohlwollen zu begegnen. Da gibt es diese Fragen zu klären, wer einkauft, kocht, wer die Müllabfuhr spielt und die Betten bezieht. Ist das einmal getan, bleibt auch noch Energie, um übereinander herzufallen. Gerade in so einer »schrecklichen« Nacht. Nach einem heißen Bad und ein paar Gläsern Yogi-Tee schläft Gerda ein. Ob sie am nächsten Morgen in einem Weihnachtsmärchen erwacht?

Wegen des Schneesturms kann ich nicht schlafen, beobachte stattdessen bis Mitternacht die wachsende weiße Schicht auf dem Handlauf des Geländers. Aus dem nassen, schweren Schneefall ist mittlerweile ein tobender Blizzard geworden. »Hat sich am steilen Hang über Emils Bauernhof vielleicht schon ein Schneebrett gebildet?« Das kann gefährlich werden, selbst für einen erfahrenen Bergbewohner wie Emil.

In den frühen Morgenstunden halte ich die Ungewissheit nicht mehr aus, kleide mich warm an und gehe hinaus. Ich öffne die Tür – und stehe bis zu den Hüften im Schnee! Himmel! Bis zu den Hüften, okay? Man könnte auch sagen, bis zum Bauchnabel. Mir fehlt die Frohnatur Luis Trenkers, der im Taumel seiner Schneefreude einmal schrieb: »Ja, immer toller und toller wird der Reigen der Sternchen ...«

Sternchen? – Wie ein Wilder schaufele ich gegen die Schneemassen an. »Alpen!«, denke ich. »Das Wort hätte dir eigentlich eine Warnung sein müssen ...« In der nordischen Mythologie steht Weiß am Anfang der Dinge, das indogermanische Alph am Anfang des Alphabets. Das lateinische *Albus* hat eine noch deutlicher sichtbare Verbindung zu den Lichtgöttern der Edda, den Alben. Irgendwie hatte ich das Gefühl, sie waren sauer auf mich!

Nach einer Viertelstunde Schwerstarbeit habe ich einen schmalen Graben von der Haustür bis zum Haupteingang geschippt. Die zehn Meter von dort bis zur Terrasse kosten mich noch mal zwanzig Minuten, ich bin schweißnass unter meinem gefütterten Parka, mein linker Arm tut höllisch weh, doch an Entspannung ist nicht zu denken: Hinter mir haben die Schneeverwehungen den ausgehobenen Graben schon wieder gefüllt. Wie kann das sein? Schaufeln scheint die falsche Strategie. »Du musst den Schnee platt treten, nur so bleibt er liegen«, so hat mir Emil geraten. Also hole ich die Schneeschuhe raus. Doch erst tanze ich mit dem Blizzard, der die Föhren hinter dem Haus richtig zerzaust. Vielleicht ist es die pure Verzweiflung, aber ich genieße es, mich in den Wirbeln und Wehen zu drehen. Mit offenem Mund und geschlossenen Augen. Schnee-Karussell … Selbst wenn ich dabei ein paarmal in den puderweichen Schnee falle. Die hüfthohe Masse fühlt sich fast wie ein Schlammbad an, und sie geht allmählich in eine Milchsuppe über … Moment mal – wo ist das Haus? Und wo ist der Karussellbremser, alles dreht sich um mich herum, weiß in weiß …

Tatsächlich ist das Haus nur noch als schwacher Schimmer zu sehen. Weiter als zehn Meter bin ich nicht vom Eingang entfernt, und doch wäre es möglich, sich zu verlaufen.

Endlich wurde es hell. Ich schrecke hoch und eile ans Fenster. Die Schneeverwehungen über der »Hängula« könnten nun weißen, sanft geschwungenen Wanderdünen Konkurrenz machen. Im Grunde sind sie noch viel schöner, vor allem wenn der im Dunst hängende Mond sie mit seiner Silberasche bestreut. Die Schleier aus Eiskristallen haben auch die bemoosten Felsen verschluckt und die kahlen Lärchen auf schattenhafte Umrisse reduziert. Doch unten bei Emil sehe ich Licht, ein Schimmer nur, der die grauen Schleier gespenstisch erhellt. Ein Anruf klärt die Lage: jetzt weiß ich mit Sicherheit, dass der ganze Hang bei diesem Wetter ins Rutschen geraten kann. Woher Emil das weiß? Seit Stunden lauscht er auf die Geräusche kleinster Schneebröckchen, die den Abhang herabrollend gegen sein Fenster springen. »Ja, da kommt einiges runter.« Gerade ist er bei den Tieren im Stall, und ich beschließe, den Weg zu ihm mit Schneeschuhen auszutreten.

Das Stampfen ist jedenfalls effektiver als die Sisyphosarbeit des Schaufelns.

Ich glaube, Emil war erfreut, mich zu sehen. Wir überprüften kurz, ob unsere Telefonnummern stimmten, ob jeder für den anderen erreichbar war oder nicht, und irgendwie war das auch schon das wichtigste Thema unserer kurzen, aber herzlichen Konversation.

Obwohl Emil keine Schneeschuhe hat, würde ich dennoch behaupten wollen, sie gehören wie Steigeisen und ein 20-Meter-Seil im Winter zur Standardausrüstung, und sie sollten eingesetzt werden, wenn die harmlosesten Wege und Rampen binnen weniger Tage »vergletschern«. Lieber übervorsichtig als tot.

Als Gerda wach wird, hat sich nicht viel verändert. Es ist heller geworden, theoretisch zumindest, denn der gute Meter Schnee, der sich auf dem Handlauf angehäuft hat, nimmt viel Licht und führt zu klaustrophobischen Anwandlungen. Dauernd überprüfe ich, ob sich die Tür noch öffnen lässt, öffne Fenster, obwohl dann die Wärme verfliegt. Irgendwann halte ich es nicht mehr aus und beseitige die Mauer aus Schnee. Doch wirklich hell wird es nicht, im Gegenteil. Am Nachmittag scheinen die Schneefälle noch dichter zu werden. Dick eingepackt und mit einem Wollschal vor dem Gesicht, grabe ich mir aus dem Schneegeschoss einen Weg hinauf zur Bruchsteinmauer, wo es nur ein Katzensprung zum Winterwanderweg ist. Dann kümmere ich mich erneut um die Terrasse. Selbst der überdachte Teil erinnert eher an eine arktische Landschaft. Hier hilft nur noch die Handschaufel aus dem Lawinen-Notfall-Paket. Ich schaffe das Gröbste beiseite und freue mich auf die heiße Suppe, die Gerda gerade kocht. Dass ich dicht am Haus eine frische Fuchsfährte entdeckt habe, behalte ich lieber für mich.

Während des Abendessens wird es uns doch ein klein wenig mulmig: Eine *neue* weiße Mauer aus Schnee ist auf dem Handlauf gewachsen, die Terrasse wieder knietief in dem weißen Wahnsinn versackt. Hört das nie auf? Selbst der freigeschaufelte Buddha hat wieder eine weiße, mindestens 30 Zentimeter hohe weiße Haube bekommen. Es scheint so, als wäre ich nie draußen gewesen. Wirklich nirgends zwischen den Schneehöckern sind meine Spuren zu sehen.

Auch zu Weihnachten gibt es Schnee, allerdings weniger unerbittlich und eigentlich ganz passend zu Pink Martinis sanfter Version von *White Christmas.* Wenn der Himmel mal aufklart, scheint uns für ein paar Stunden die Sonne, doch ans Schneeschuhlaufen oder Skifahren ist nicht zu denken, es ist andauernd etwas zu tun. Fast täglich muss ich die Holzstöße freischaufeln und dabei aufpassen, dass mich kein Schneebrett vom abschmelzenden Dach erwischt. Und das oft genug bei beißender Kälte.

Zwischen Weihnachten und Neujahr bekommen wir überraschend Besuch von meinem Freund Marco und seiner Frau Mascha. Sie helfen uns mehr, als sie denken, die zwölf »Raunächte« bis zum 5. Januar zu überstehen. Wir erfahren auch, dass Maschas Mutter Elena seit Jahrzehnten hier oben Weihnachten und Neujahr verbringt. Wie klein die Welt doch ist, oder zumindest der genießbare Teil. Zu Silvester gibt es jedenfalls echten russischen Borschtsch, während draußen der Pulverschnee unablässig rieselt. Der würzige Geschmack hat die arktische Rundhügellandschaft auf unseren Gaumen gerade in die sibirische Taiga verwandelt, da steigen auch schon Raketen und Lichtkorallen über dem Rhônetal auf. Das Höhenfeuerwerk der Skidörfer scheint am intensivsten zu sein: Es sieht nach den Signalen von Schiffbrüchigen aus, die ihre Notlage feiern … Aber diesen unromantischen Gedanken behalte ich in dieser Nacht wohl besser für mich.

Gar nicht so leise rieselt der Schnee in der ersten Januarwoche. Der Eispanzer auf dem Dach hat seine guten anderthalb Meter. Es rumpelt gelegentlich dumpf da oben, wenn die Schneemassen instabil werden. Ganz ehrlich, so etwas habe ich noch nicht gesehen Auf der Nordseite ist dem Haus bereits eine tonnenschwere Wechte gewachsen, die auf die

Dachpfannen drückt. Auch der Schornstein ist verschwunden, nur noch an einer trichterförmigen Mulde im Schnee zu erkennen. Den Überhang werde ich wohl oder übel mit der Schneesäge absäbeln müssen, ansonsten wird jeder Gang zu den Holzvorräten ein riskantes Unterfangen.

Die Nacht zum Dreikönigstag verbringe ich vor dem Kamin, ich möchte ihn nicht ausgehen lassen. Rechts neben mir liegt die Schneeschaufel, immer griffbereit, links halte ich ein Glas mit einem Cocktail Schweizer Bauart, schlicht »Bloody Heidi« genannt.

So fühle ich mich doch tatsächlich gegen die gröbste Unbill des Lebens gewappnet und lausche einem schon Stunden anhaltenden Sturm. Ein Orkan, der sich über Mittel- und Osteuropa ausgetobt hat, rüttelte nun auch an unseren Fenstern. Ich bin mir plötzlich gar nicht mehr sicher, dass das viele Fensterglas im Wohngeschoss eine gute Idee war. Nun habe ich den Eindruck, mitten in einem Schnee-Inferno zu sitzen. Die Vorstellung, dass ein Fenster eingedrückt werden könnte, ist der blanke Horror. Das Außenthermometer zeigt minus 17 Grad Celsius, wohlgemerkt direkt am Haus und nicht draußen am Hang. Dort dürfte der Chill-Faktor noch tiefere Grade erreichen, ich habe daher wenig Lust, nach draußen zu gehen. Es ist ohnehin nie ganz ungefährlich bei so einem Wetter, der Sturm bricht die von Schnee und Eis beschwerten Äste ab und wirbelt sie mit der Wucht eines abgerissenen Propellers hoch durch die Luft. Wen es allein in dieser Schneehölle erwischt, der hat ein ernstes Problem.

Alle sechs Stunden gehe ich Schnee schippen, und dennoch habe ich immer wieder größte Mühe, die ausgehobenen Trampelpfade wiederzufinden. Selbst Schneeschuhspuren verschwinden schon nach ein paar Minuten. Eine Alternative zu der Plackerei gibt es eigentlich nicht: Wer einmal zugesehen hat, wie schnell sich das weiße Element auf einem Fensterbrett auftürmen kann, bis der Schnee die *oberste* Leiste des Rahmens berührt, der wird verstehen, dass es geradezu eine psychische Erleichterung ist, das Haus von dieser weißen Pracht zu befreien. Eine gute Schneekönigin weiß, was sich gehört, und lässt es bei 30 Zentimetern Neuschnee bewenden. Wir haben in unserem ersten Winter über sieben Meter. Was für ein Willkommensgeschenk!

Gegen halb drei, als der Wind endlich nachlässt, mache ich zum letzten Mal meine Runde. Weiße Nacht, stets auch stille Nacht: In unserem überdachten Hauseingang lagert eine Wanderdüne aus Schnee. Statt mein Gehirn in hochprozentigem Stoff einzuweichen, beschließe ich, noch einmal Kaffee zu machen. Dann kümmere ich mich um den Eingang und den Weg, wo vor Stunden noch die Spur der Raupe verlief. Am Ende fühlen sich meine Arme tonnenschwer an, ich habe keine Lust mehr und ziehe die Schneeschuhe an. Und laufe noch einmal schnell runter zur Hängula, wo Emil schläft. Ich will ihn nicht wecken, sondern nur den Pfad austreten und gesteckte Pfähle ausbuddeln, zumindest so weit, dass man sie sieht.

Der Hang über der Hängula knistert leise. Hier mitten im Schnee muss ich an den weißen Tod denken … Nein, nicht den Fisch. Ein Zermatter Bergführer, der mich und zwei Freunde aufs Matterhorn führte, bezeichnete so die Lawine. Ihr Angriff ist nicht weniger schrecklich und wild als der eines Hais, dabei ist ihr zahnloser, kalter Rachen noch um einiges größer. Immer wieder treffen Lawinen mit ihrer alles zermalmenden Kraft Häuser und Menschen im Wallis, so wie im Val d'Hernes, als eine Lawine oberhalb von Evolene mehrere Chalets weg und zwölf Menschen mit in den Tod riss.

Halberwege halte ich an: Auf dem schmalen Durchgang hinter der Hängula hat es einen Schneerutsch gegeben. Zum Glück sind das Haus und der Stall nicht versackt. Tür und Fenster sind frei, es ist alles in Ordnung, ich gehe leise zurück.

Die Schneedecke am Hang ist so weiß und körnig, sie erinnert mich an jenes japanische Büttenpapier, das ich mir als
Kunststudent nie leisten konnte. Obwohl: ein wenig war ich
auch froh darüber, weil es eigentlich an Vandalismus gegrenzt
hätte, diesem so wunderbaren Weiß Farbe gleich welcher Art
anzutun.

Die geschlossene Schneedecke ist ein Äquivalent des Ver-
gessens, vielleicht sogar die Entsprechung des vor uns liegenden Verlöschens. Ich wünsche mir einen schnellen Schubs ins
Nichts, keinen Fall in Zeitlupe. Ansonsten mache ich mir keine Sorgen: Ist *er* da, bin ich weg. Kein Grund also, sich in die
Hosen zu machen. Die Vorstellung eines unsterblichen Kerns
bleibt ein Beweis des menschlichen Egoismus. Was man tut,
bevor man stirbt, das ist entscheidend. Gib dir selbst einen
Sinn. Sinn statt Seele.

Zwei Tage später tobt das Schneegestöber noch immer, mein
linker Arm ist inzwischen vom Schaufeln zermürbt. Die nette Frau von der Alp-Apotheke rät zum Einsalben mit »Mur-
meli«, also Murmeltier-Fett, was ich aber irgendwie nicht
übers Herz bringe, denn die kleinen pelzigen Kerlchen tun
mir zu leid. Stattdessen helfe ich mir selbst mit Rum-Tee und
einem entzündungshemmenden Schwarzkümmelöl.

Der Rhythmus aus Schneeschaufeln, Dachkanten-von-über-
hängenden-Schneenasen-Befreien, Nach-der-Hängula-
Schauen, Wegeplatttreten und Irgendwie-bei-Laune-Bleiben
bestimmt diese Wintermonate. Irgendwann habe ich angefangen zu schreiben, bei geschlossenen Läden. Jetzt fühle
ich mich fast von der Sonne überrascht; überall triefender
Schnee, rinnendes Wasser. Rechtzeitig zum Frühlingsanfang
sind die Eisflächen des Südhangs fast verschwunden; die auf
breiten Strahlenfüßen entlangstreifende Sonne zieht die Krokusse förmlich aus der noch gefrorenen Erde. Wo sich die

Schneefelder auflösen, hinterlassen sie eine weiße Blüten-
pracht auf den Matten. Die Rückkehr des Lebens kündigt
sich an.

»Endlich«, sagt Gerda, und ich weiß genau, was sie meint.
Die Erfahrung eines fast halbjährigen Winters hat aus uns
echte Schneemenschen gemacht, die täglich ungehemmt
über die Hanglage debattieren: Pulverschnee, Trockenschnee,
Pappschnee, Faulschnee, Triefschnee, Mehlschnee, Firnschnee,
Harsch, Kornschnee, Lockerschnee – ich bin sicher, nicht all
diese Arten werden sich in einem Wörterbuch finden. Sogar
seltenen »Blätterschnee« hatten wir im Aletschwald an mehreren Arven entdeckt, brüchige, hauchdünne Eisgebilde, die
an Farnkräuter erinnern und noch feinere Arabesken bilden
als die Eisblumen an den Fenstern. Das Repertoire von Meister Frost schien unerschöpflich zu sein.

Wir nutzen die nächste Zeit für einen Frühjahrsputz und eine
gründliche Inspektion unserer Hütte. Viele Schindeln am
Rand müssen ausgetauscht werden. Das tonnenschwere Eis
hat sie in Stücke gebrochen, selbst den massiven Abschluss-
ziegel hat es erwischt. Die billigen Außenlampen dagegen
haben alles heil überstanden, dasselbe gilt für die Gartenmö-
bel auf der Veranda.

Doch der weiße Wahnsinn ist noch nicht vorbei. Kaum
stehen die Liegen im Garten, da kommt der Winter am
27. März noch einmal zurück. Mit einem harschen Rekord
für die Schweiz.

»Die kälteste Nacht seit 26 Jahren«, so steht es in der Zeitung. Bis jetzt hat das Örtchen La Brévine im Neuenburger
Jura den Kälterekord des Landes gehalten. Minus 41,8 Grad
Celsius wurden damals gemessen, warum sich das Hochtal bis
heute auch das »Schweizer Sibirien« schimpft. Nun, um ganz
ehrlich zu sein, auch unser Außenthermometer hat schon öfter die Minus-30-Grad-Marke unterschritten. Dass am Sonn-

tag auf Sommerzeit vorgestellt werden soll, ist angesichts von rieselndem Schnee und grimmiger Kälte ein Hohn. Selbst in Basel-Binningen, wo unsere Freunde Lotti und Klaus wohnen, ging es am letzten Dienstag noch haarscharf an einem Eistag vorbei.

PS: Noch immer keine Entwarnung: Am 20. April wurden wir noch einmal mit einem guten halben Meter Neuschnee beglückt. Alles Grün war wieder unter der weißen Decke verschwunden. Es sah in etwa so aus wie im Dezember. Wow.

Und der Flockentanz hielt bis zur Mittagszeit an. Irgendwie schlägt es einem doch aufs Gemüt, wenn der Frühling nicht kommt …

Junijuli

Elektrisch

1. Juni   Naturheidnischer Gottesdienst auf der
Sonnenterrasse. Soll heißen: Ich verehre die Sonne
beim Lesen und unter der Dusche das Wasser des
Gletschers (da kommt es hier oben nun mal her).
Die Feuerschale auf der Terrasse, die wir abends
entzünden, huldigt der Erdwärme, das Holz, das in
ihr brennt, den Lebensgeistern, die mich erhalten. Die
Technologie des Menschen läuft stets auf eine heimliche
Anbetung der Naturerscheinungen – sprich der alten
»elektrischen« Götter – hinaus.
Die Schöpfung ist *alles, jetzt & vollkommen* – das kleinste
Krümelchen Erde und die rauen Felsmassen, die den
Berg bilden, genauso wie der Grashalm, jeder Einzelne,
zum Begrünen der Matten beiträgt; jeder Wassertropfen
ist Schöpfung, und jeder Sonnenstrahl, der das Steilgras
ebenso wie die knorrigen uralten Aletsch-Arven
am Leben erhält, und im Frühjahr aus Eiskristallen
die Alpblumen zaubert, auf denen später Heu- und

Perlmutterfalter im lauen Sommerwind schaukeln. Zur
Freude der Menschen. Auch das ist Schöpfung. Sich
dessen bewusst werden, darin liegt wohl das eigentliche
Abenteuer des Lebens. Oder anders gesagt – sich selbst
seines göttlichen Ursprungs bewusst zu werden und
dementsprechend zu leben.

Verschwyzert

5. Juni Zuerst seine Coop-Treuepunkt ins Büchlein
einkleben, dann den Punktestand checken und erst dann
den Hamster-Rucksack mit den »Fressalien« auspacken,
ein bisschen verschwyzert bin ich inzwischen schon.

Das selbstzentrierte Leben

12. Juni Sich selbst für andere aufopfern: Lieber
nicht. Trotzdem beseelt dieser Gedanke Religionen
und Sozialsysteme in aller Welt. Ich bin hier, weil
ich zuallererst an mich selbst denken muss, an mein
Wohlergehen, meinen seelischen Frieden. Wenn es mir
gut geht, wenn ich mit mir im Reinen bin, dann bin
ich auch für andere eine Hilfe und mache mich liebend
gerne auch nützlich. Im Übrigen geht die Mär von der
bedingungslosen Nächstenliebe nicht auf; würde sich
jeder für jeden aufopfern, dann blieben ja nur die Priester
am Leben. Ist damit nicht alles gesagt?
Unser Leben kann also nur auf ein klares Sinn-statt-Seele
hinauslaufen. Wie das geht? Man »besinnt« sich
zuerst einmal auf sich selbst. Dann auf das, was einem
lebenswert scheint. Sieht man den Sinn seines Tuns, sollte
man sich nie wieder von seinem Ziel abbringen lassen.
Wer sich auf die Sinnhaftigkeit seines Daseins einlässt,
wer mit seinem Lebensentwurf eins geworden ist, wer

sich irgendwo auf der Welt wirklich wohlfühlt, den interessiert die Aussicht auf Wolkenkuckucksheim mit seinen frohlockenden Engeln nicht mehr.

Zur Selbstverwirklichung in dieser Welt braucht es Selbstzentriertheit und weiter nichts. Komischerweise macht man sich damit auch bei seinen Mitmenschen beliebt.

Fliehkräfte
15. Juni   Das wirklich Problematische an dieser Zeit? Die vielen Fliehkräfte, die von außen auf uns einwirken und uns pausenlos suggerieren, es könnte irgendwo anders mit einem anderen in einem anderen Teil dieser Erde noch besser, noch aufregender sein. Jede Entscheidung für etwas, für jemanden erzeugt dagegen eine innere Sogkraft, die konzentriert. Sie hält uns zusammen.

Tschäggäta
16. Juni   Der Pfarrer, den ich heute traf, tut sich schwer mit den Bergen. Er empfinde es anmaßend, wenn gewisse »Leute aus der Großstadt« in den Bergen »etwas Erhabenes neben Gott« sehen. *Non facies tibi sculptile neque omnem similitudinem* – die aus Stein gehauene Fratze eines Götzen, mehr kann er darin nicht sehen. Von Gott soll man sich ja gerade kein Bild machen.

Als ich ihn frage, was er von den eindeutig heidnischen Bräuchen bestimmter Dörfer im Lötschental, zum Beispiel dem Maskenlauf der *Roitschäggäta* halte, meint er, es wäre nur ein Fastnachtsspaß, nichts weiter. Ich solle mir das ruhig einmal ansehen. Die Kinder hätten ihren Spaß mit den »zottligen *Maschgini*«, dagegen

habe die Kirche nichts einzuwenden. Meine in
Schweizer Bibliotheken gefundenen Hinweise auf einen
geheimnisvollen Männerbund, der auf diese Weise sein
Unwesen trieb, entlockte ihm nicht mehr als ein müdes
Lächeln.
»Sie sind Schriftsteller«, sagt er noch, »wenn Sie es so
gelesen haben, wird es schon stimmen.«

Wer man ist

22. Juni Hat jeder Mensch mehrere Identitäten?
Der Ausweis ist ein eigenartiges Papier. Man möchte
meinen, die Obrigkeit weiß genau, wer man ist und
kann einen deshalb leichter verfolgen. Nicht umsonst
gilt der Fingerabdruck als einmalig, dasselbe gilt für die
genetische Signatur. Es gibt diese Kreatur, die man ist,
biologisch nur ein einziges Mal.
Das ist der Trick. Alle anderen Identitäten – politische
und kulturelle – sind meines Erachtens zweitrangig und
lassen sich eher mit einem passenden Schutzanstrich,
Tarnfarben oder ähnlichen Überlebenskünsten
vergleichen.

Sturmholz

27. Juni Für mich ist er mein ganz persönlicher
Bergpark, der Aletschwald mit seinen prächtigen Arven
und den uralten, vom Sturm gezeichneten Föhren.
Von der Riederfurka schlängelt sich der mal steinige,
mal matschige Weg zum Grünsee und von dort zur
Hängebrücke herab. Es ist eine Genusswanderung, auf
der sich lichte und schattige Strecken abwechseln, bis
man endlich vom Silbersand die graue Gletscherzunge
zu sehen bekommt. Umgestürzte Baumriesen, von

Farnen überwuchertes Sturmholz und feuchte Felsklüfte
verbreiten ein Gefühl, als wäre man in einem urzeitlichen
Wald unterwegs. Dass es hier keine Bänke gibt, ist richtig,
denn die gab es auch nicht im Paradies. Ich lehnte mich
an einen Baumstamm, um die Schönheit und Stille des
Tages zu genießen. Einfach herrlich, hier draußen.

Ihr coolen Typen ...
29. Juni   Der Nihilismus – dieses geistige Riechsalz
dekadenter Feingeister, Dandys und Müßiggänger
des Fin de Siècle – ist heute *mainstream*. Es ist die
offene Gesinnung des städtischen Prekariats. Jeder ist
heute Nihilist, wohlgemerkt auf *Just-do-it*-Niveau. In
den Medien hat das Gottlose und Abgeschmackte
längst Vorbildfunktion. Der Nihilist unserer Tage
entspricht dem Konsumentenprofil eines männlichen
Elektromarkt-Kunden, er ist nichts weiter als »geizig und
geil« und betont selbst, dass er nur eine Schlammpfütze
ist, aus der zwei Froschaugen glotzen. In den meisten
Fällen ist er ein geistiger Molch, noch eher vielleicht
eine Kaulquappe, ein organisches Etwas aus Kopf
und Schwanz, das sich weigert, erwachsen zu werden.
Dauer-adoleszent und dauer-unterbelichtet fristet er
sein nihilistisches Leben in einem trüben Tümpel der
Stadt, er glaubt an nichts, außer Geld natürlich, und
die Barfliegen oder geschminkten Nachtfalter, die
er gelegentlich in der Oranjenburger aufliest und
von denen er sich dann rührend menschliche Reime
aufsagen lässt, von der alleinerziehenden Mutter und
dem arbeitsunfähigen Mann ...
Der Nihilist weint dann ein paar nihilistische Tränen,
er weiß selbst nicht, warum ihn das Los einer anderen
Schlammpfütze so sehr berührt. Auf jeden Fall hat sie ein

Trinkgeld verdient, sagt er sich, der Nihilist, dieser allzu menschliche Mensch.

Don't »like« me please
30. Juni Irgendwann sucht jeder von uns seinen Stamm, – Menschen, die man als seinesgleichen erachtet, Leute, die einen jenseits kollektiv verordneter Konsensfähigkeit *(share)* und adretter Selbstdarstellung *(like)* nehmen, wie man ist. Die Leute meines Stamms erkennen sich leicht: *AN DEM WAS SIE TUN*. Und nach was sie sich sehnen. Auf dem Weg dorthin begnügen sie sich mit der Schönheit des Alltags und meiden das, was man ihnen gnädigerweise vorsetzen will. Ach, das Hundeplätzchen da ist für mich …? Wie nett. *FUCK YOU VERY MUCH*. Nein, darauf fallen sie nicht herein.

Lieber gehen sie den steinigen Weg und ihrem angeborenen Schmerz auf den Grund. Da sie Rückgrat haben, ist es das, was sie innerlich trägt, wenn der Boden unter ihnen einmal zerbricht, wenn sie ausgesetzt werden oder zu Unrecht verfolgt. Da sie gelernt haben, mit ihren eigenen Unzulänglichkeiten zu leben, und da sie niemals Verrat an ihrer Seele begangen haben, schlagen sie keine Lektion aus, die das Leben erteilt. Sie können es und sie werden es schaffen.

Klima ist Wohlstand
9. Juli Hier am Großen Aletschgletscher, dem von den Treibhausgasen angefressenen »glazialen Mittelpunkt Europas«, erlebt man fast täglich, wie abgeklärt die Bewohner der umliegenden Alpen das offenbar unvermeidliche Schwinden ihres Sicher-Brot-Gletschers besprechen. Vorbei die Zeit der Panikmache, die sich

nur noch in einem 3-D-Wackelbild im Tourismusbüro manifestiert: Heute genügt ein einziger schräger Blick, um das dramatische Schrumpfen (seit 1900 um mehr als 200 Meter) zu sehen.

Und dennoch wittern die Einheimischen mit ihrem unerhörten Riecher für Bares bereits das nächste Geschäft.

»Wir freuen uns über neue Einnahmequellen«, versichert mir ein sportlicher Bankmanager der Bettmeralp oder »the better alp«, wie sie neuerdings heißt. »Wenn das Eis nicht mehr trägt, spielt der zahlende *Gascht* eben Golf.« Der höchste Golfplatz der Alpen liegt direkt vor der Tür. »Auch der Trend zum Mountainbike ist für uns ein klarer Gewinn.« Damit sind Leihgebühren und Versicherungen gemeint. Und neue »Service-Stationen« für die bikenden Horden. Schon jetzt wird der Berggänger von Wagehälsen auf Rädern terrorisiert, die ihn – in Rudeln organisiert und ausstaffiert wie Gladiatoren – an Engpässen überflügeln.

Der Spaß, auf die Schnauze zu fallen, auweia, er muss grenzenlos sein. Der Abtransport ist übrigens weniger aufwendig als eine Spaltenrettung vom Heli.

Ein Hochtourenführer, der seine Gäste mit der Gondel abholt, freut sich noch auf andere Kundschaft: »Wenn das Wetter wärmer wird, dann kommen auch mehr Inder und Afrikaner.« Tatsächlich sind mir in den letzten Wochen mehr farbige Wanderer im Wallis begegnet als in den 15 Jahren davor. Aber meine Frau meint, die kämen alle aus Genf mit seiner »international crowd«. Goldene Steppjacken und Pelzmäntel lassen eher auf die Gattinnen und Töchter von Diplomaten schließen. Oder deren Mätressen.

Zumindest die vielen Gleitschirme, die weithin sichtbar wie buntes Konfetti über der nächsten Alp schweben,

143

profitieren bereits von der warmen Luft an den Hängen. Auch diese *Gäschte* sind dem Schweizer Gastronom lieber als Wandervögel, die nicht ordentlich konsumieren, sondern ihre Butterbrote auspacken.

Wer zu den unverbesserlichen Alpinisten gehört, den zieht es natürlich jeden Sommer einmal auf den Buckel des Aletschji hinaus. Zwischen Märjelen-See und Konkordia-Hütte treten sich die Seilschaften heute fast auf die Füße. Torschlusspanik oder Dinosaurier *on the rocks?*

Mein Niemandsgarten

Die Menschheit stammt aus einem Garten.
Das meiste, was ihr seit ihrem Ursprunge zugestoßen ist,
hängt mit Vorgängen zusammen,
die sich als Gartenfrevel bezeichnen lassen.
– RUDOLPH BORCHARDT

Dumme rennen, Kluge warten,
Weise gehen in den Garten.
– RABINDRANATH TAGORE

Einer der Gründe, warum wir hierherzogen, sind die bunten Wiesen im Frühling. Blumen machten uns immer schon froh, doch nach dem langen ersten Winter katapultieren uns die ersten Krokusse nun in einen wahren Gefühlsrausch hinein. Das brausende Leben ist endlich zurück! Alles grünt und blüht. Was sich mit Krokus und Enzian ankündigt, setzt sich im Frühsommer mit knallgelbem Löwenzahn, lila Alpenastern, Schwefelanemonen und Lupinen fort. Ein Blumenmeer, wohin man auch sieht. Und Lebenslust pur, die sofort ansteckend ist. Die hymnische Begrüßung des Lichts durch die Natur, wie sie sich morgens im Ritual der sich öffnenden Blüten vollzieht, dürfte selbst den prosaischsten Menschen »berühren«. Es ist der Inbegriff wollüstiger Verwirklichung von Mutter Natur, die sich von ihren Geschöp-

fen anbeten lässt. Auch die rostblättrige Alpenrose blüht bei-
zeiten auf. Küchenschellen, blaue Rapunzel-Glockenblumen,
Geißkraut, Bergnelken, Schafgarbe und der arabeske Türken-
bund tragen wenig später ihren Anteil zum Farbenrausch bei.
Mitte Oktober – lang ist's noch hin, bevor sich die Lärchen
wieder golden verfärben – kommen noch Elfenbeindisteln
und mannshohe, silbrige Wollgräser hinzu. Sie drängen sich
auch an der Bruchsteinmauer hinter dem Haus. Schon vor
Jahren hatte ich die Matten in Gedanken als »Niemandsgärten« bezeichnet, wobei ich mir damals noch nicht vorstellen
konnte, einmal inmitten einer Blumenwiese zu wohnen. Für
Gerda, die Blumen über alles auf der Welt liebt, beginnt jetzt
ein dreidimensionaler Traum.

Ab Mai zieht sich das Blumenmeer den steilen Abhang bis
zum Waldrand hinunter. Echte Pollenallergiker haben jetzt
ein dickes Problem, denke ich. Der Blütenstaub, der sich wie
gelblicher Mehltau an den Scheiben niederschlägt, dringt
auch in die Wohnräume ein. Es sind ja wirklich *Millionen* von
Blüten. Auch hinter dem Haus, bis zum Hochmoor mit seinen seltenen Blumenbinsen und Schlamm-Seggen, erfreuen
wir uns täglich der kleinen und kleinsten Blüten. Die Intensität ihrer Farben kann locker mit Kamelien, Rhododendren
oder Azaleen aus städtischen Parks und Treibhäusern mit-
halten. Ich habe mir von meinem Bruder eine Lupe schicken
lassen, um nach diesen Riesenzwergen der Farbe zu sehen.
Verzückt trete ich ein in die Welt der zarten Strukturen und
feinen Farbpigmente, im leuchtenden Gelb des Alpenmohns
strahlt das Sonnenlicht mit aller Wärme. Wenn dann noch
das sirrende TZZINNNGG der Klangschalenuhr aus dem
Haus an mein Ohr dringt, ist es soweit: Ich bin tatsächlich im
Paradies! Mit dem kleinen Unterschied, dass ich nicht gestorben sein muss, um hier an Gottes grüner Seite zu sitzen.

Mit weit geöffneten, farbtrunkenen Augen warte ich, bis
das Sirren der Klangwelle allmählich verstummt. Ich stecke

die Lupe in die Tasche und breche auf. Ich möchte durch diesen gerade eben zum Leben erwachten Berghain streifen, das unbedingte Glück dieses Augenblicks in die größere Dimension bewegen. Das hier ist keine lose Sammlung von unzähligen Einzelwesen, von Pflanzen und Tieren. Der Raum zwischen ihnen ist keinesfalls leer. Selbst zwischen den kümmerlichsten Grashalmen zeigen sich noch Spuren von Leben. Von den kaum sichtbaren Fäden winziger Spinnentiere bis hin zu den Ausscheidungen von Ameisen und Käfern. Es scheinen wahllose und zufällige Bindungen zu sein, und doch beschleicht mich der Verdacht, dass hier in diesem bunten Gespinst des Lebens eine gemeinsame wie ordnende Kraft wirken muss. Welche Gesetze lenken den Schwarm der Eintagsfliegen über dem Hochmoor, was lenkt die Heuschrecken, die hier jeden Spätherbst auftauchen? Wo hört ein Grashalm auf, wo ein Baum – wirklich an der äußersten Spitze? Oder ändert sich dort nur die Dichte dessen, was die Yogis *prana* – Lebenskraft – nennen?

Etwas arbeitet hier – in diesen pflanzlich-tierischen Liebes- und Todesverschlingungen – auch ohne menschliches Zutun.

Am nächsten Morgen ist es so, als hätten über Nacht Dutzende unsichtbarer Gärtner den Garten aufs Neue bestellt. Es ist alles nur schön! Gegen keine Anpflanzung auf der Terrasse würde ich Einspruch erheben. Sicher, letztes Jahr, als die Disteln einmal überhandnahmen, ging ich zum Jäten hinaus. Doch in der Regel laden die Matten nicht zur ihrer Bearbeitung ein, sondern zum stillen Genießen. Und je länger ich in den Bergen lebe, umso leichter fällt es mir, das »verzückte Staunen« Albert Einsteins über »die Harmonie der Naturgesetzlichkeit« zu teilen. Dass sich hier »eine überlegene Vernunft offenbart«, genau das erlebe ich auch in diesem Moment. Alles, was ich sehe, ist tatsächlich unsterblich, weil es wandelbar ist. Die Antwort auf die Frage nach den letzten Dingen *erlebt* sich von selbst. Diesseitig, nach Gesetzen, die in

147

allem Lebenden schlummern. Der Tod als Vorstellung eines bombastischen Schlusspunkts scheint dagegen nur eine weitere Wahnvorstellung zu sein, um Homo sapiens, das selbsternannte Wundertier der Evolution, außerhalb des natürlichen Kreislaufs zu stellen.

Ich streife noch eine Zeit lang durch das nasse Gras, lasse Tauperlen von den Fingerspitzen auf gelbe, weiße und rosa Blüten abtropfen, – Perlen, die im hellen Sonnenlicht kurz aufleuchten … Einmal mehr fühle ich, wie sich die Grenzen zwischen außen und innen auflösen. Und wenn das so ist, dann gibt es in diesem Moment auch keinen Unterschied zwischen Wahrnehmung und Bewusstsein. Jede Farbe zwischen Licht und Schatten scheint eher den Abstufungen von Gefühlen und Stimmungen unserer inneren Landschaft zu entsprechen. Ist die nicht auch über Jahrzehnte »gewachsen«? Wer würde einem Garten Persönlichkeit absprechen wollen?

Die Idee, unsere Niemandsgärten doch irgendwie zu benennen, kam uns schon letztes Jahr, nach einem Ausflug zum Park der Villa San Remigio, die nicht weit von hier auf einer Anhöhe am Lago Maggiore liegt: Ein adliges Künstlerpaar hatte sich dort einen wunderschönen, der Liebe geweihten Garten geschaffen, und noch immer scheint dieser wie verwunschen wirkende und für die Öffentlichkeit nicht zugängliche Ort von ihrer Liebe erfüllt. Natürlich gingen den Herrschaften bei ihrem Vorhaben ein paar Dutzend Gärtner zur Hand. Aber da unsere Gärten bereits angelegt waren, brauchten Gerda und ich nur *zu erkennen*. Eine gute Woche streiften wir so durch den alpinen Hain hinter dem Haus und überlegten uns passende Namen. Es war nicht leicht, in der Wildnis wirklich signifikante Ecken zu finden, die sich deutlich voneinander unterschieden und wirklich einer Stimmung entsprachen. Zuletzt entschieden wir uns für eine große Dreiteilung, den *Garten der Freude*, den *Garten der Erinnerung* und einen kleinen *Garten der Wehmut*. Der größte ist natürlich der

Garten der Freude. Er umrahmt die Sonnenterrasse und bietet im Frühjahr einem Gerinnsel die Felsvorsprünge, die es braucht, um zu einem Wasserfall anzuschwellen. Der Duft der Heublumen und Wildkräuter ist dann so intensiv, dass selbst die Bettwäsche danach riecht.

Das Hochmoor direkt hinter dem Haus verdient dagegen den Namen *Garten der Wehmut*. Ich gehe hier gerne im strähnigen Nebel spazieren, unter herbstlich milder Sonne, wenn der Sumpf schon leicht eingeschneit ist und man die Aletschpromenade nicht mehr sieht. Dann wähne ich mich fast am Rande der Tundra, dem sibirischen Moor oder irgendwo in der skandinavischen Wildnis. Der Fantasie sind keine Grenzen gesetzt, aus den dürren Birken werden Gespinste schwankenden Silbers.

Der schattige Wald, der sich in östlicher Richtung erstreckt, ist voller moosbewachsener Felsen und entwurzelter Bäumen, man glaubt fast, in einem Urwald zu stehen. Es riecht hier oft nach *Blenheim Bouquet*, dem Parfüm von Andy Warhol, auf jeden Fall einer Mischung aus Kiefern und Moschus. Es könnte am Rotwild liegen, das hier seine Weidegründe hat und so gut wie ungestört ist. In diesem *Garten der Erinnerung* sitze ich gerne auf einem Hochsitz, in eine warme Decke gehüllt, und schreibe bis in die späten Abendstunden hinein. Kein Vergleich zu dem, was man in Berlins teuren Wellness-Oasen »Meditationsräume« nennt ... Nein, das hier lässt sich nur als *Freiluft-think-tank* beschreiben. Die Inspirationen fliegen mir im Sekundentakt zu. Natürlich bin ich nicht der einzige Besucher des Gartens, auch ein stattliches Murmeltier lässt sich hier gelegentlich blicken. Die pelzigen Gesellen sind die Ureinwohner der Alp. Wer sie einmal beim »Heumachen« beobachtet hat – wie sie abgemähtes Gras in der Sonne wenden, um es dann, gut durchgetrocknet, in ihren Bau einzufahren –, der ahnt, dass die Bergler diesen von den hartherzigen Römern *Alpenratten* genannten Tieren mehr verdanken, als sie öffentlich zugeben würden. Dass man die Murmler nicht länger jagt, verdanken sie dem eigentümlich faden Geschmack ihres Fleisches, dessen Zubereitung für die effiziente Tourismus-Gastronomie wohl zu aufwendig ist. Murphy – wie ich das Murmeltier nenne – und ich gehen uns respektvoll, aber bestimmt aus dem Weg. Ähnlich verhält es sich auch mit einem prächtigen, rostbraunen Fuchs, den ich schon manchmal am helllichten Tag um meine abgestellten Müllsäcke habe schleichen sehen.

Oh ja, ich weiß, was sie jetzt denken, und der Eindruck, ich lebte hier oben fast wie ein »römischer Landadliger zu Ciceros Zeit« (wie mein Freund Enno einmal nonchalant meinte), ist nicht ganz verkehrt: Wir leben mehr und mehr von dem, was das Land hergibt, besuchen regionale Wochenmärkte, Käsereien und einheimische Winzer. Mit manchen sind wir schon lange per Du. Auch den Käser aus dem Binntal besuchen wir in Brig, wenn er dort samstags auf dem Wochenmarkt steht. Im Oktober liefern Jäger Wachteln und Wildbret frei Haus. Leider essen wir fast ausschließlich vegetarisch, Hirschgulasch und Rehpfeffer gibt es nur für Gäste. Das Preiselbeerkompott bereiten wir selbst, die Birnen kommen allerdings aus der Coop-Gemüseabteilung, hier oben wachsen sie nicht. Noch immer rätseln wir, was man hier oben alles anbauen könnte. Früher brachte uns Frieda, Emils Schwester, ab und an mal einen großen, frischen Salatkopf vorbei, zum Einstand wurden wir von Stefan Imhofs Frau mit Aprikosen beschenkt. Erich Uhlmann weihte mich in die Walliser Pilzkunde ein. Er ist ein erfahrener Waldgänger, der genau weiß, wo es Pilze gibt – Parasole und Eierschwämme (Pfifferlinge), doch viele Älpler kennen die Strecke und wer zuerst kommt, der mahlt bekanntlich zuerst. Während der Pilzzeit scheint die halbe Alp auf den Beinen zu sein.

Das Sammeln von Pilzen beschränkt sich bei uns auf das

Sammeln des Parasols, den man mit Petersilie in Knoblauch-butter braten kann. Die Pilze wachsen nicht weit von meinen Niemandsgärten entfernt. Bei einem Spaziergang Anfang September kommen so schnell ein paar Kilo zusammen. Sicher, das meiste ließe sich auch über reguläre Wege bekommen, aber so rückt das Beschaffen von Essen einmal mehr in unseren »weltfremden« Fokus. Aus Walderdbeeren haben wir dieses Jahr zum ersten Mal einen säuerlich schmeckenden Aufstrich gemacht.

Das nächste Jahr werden wir uns an einer Heidelbeer-Konfitüre versuchen. Mit der floralen Dekoration tun wir uns übrigens weniger schwer. Es scheint der holländischen Lebensart zu entsprechen, dass es immer im Haus Sträuße oder Blumengestecke gibt. Wobei Gerda die Grenze zum Ikebana nie überschreitet.

Auch die schönste Blume der Alp ist zweifellos eine Einwanderin. Gemeint ist die Lupine, die hier oben zu jedem Alpgarten gehört, wahrscheinlich taucht sie dort oft genug auch uneingeladen auf. Und gern gesehen ist sie nicht: Aus Nordamerika stammend, wurden die ersten Lupinen bereits vor dem Ersten Weltkrieg von dem englischen Gärtner George Russell gezüchtet. Ob die winterharten Linien, die in den Niemandsgärten wie Unkraut gedeihen, auf dessen »Russell-Linien« zurückgehen, ist allerdings fraglich. Unsere bescheidenen Versuche, neue Züchtungen hier oben zu pflanzen, schlugen bislang alle fehl. So schön Sarah Conibears West-Country-Züchtungen auch sein mögen, weder die violett-schwefelgelben *Manhattan Lights* noch *Dessert Sun* haben den letzten Winter überlebt. Wahrscheinlich ist die Höhe zu extrem, denn in Breiten, einem etwa 1000 Meter unter uns gelegenen Dorf, blühen sie prächtig.

Eine Faustregel der Bergbauern besagt: Was aus dem Tal stammt, geht hier oben ein.

»Du musst schon selbst die Schoten von den Lupinen sammeln«, belehrte mich einmal mein Freund Erich Uhlmann. »Dann ausstreuen, den Rest besorgt die Natur.« Nun, vielleicht liegt es an unserem Hang, aber im ersten Jahr hatte die Natur wohl andere Pläne. Später hörte ich dann, wir hätten zu spät ausgesät, man müsse die »Wolfsbohnen« aus den Schoten pulen und im Frühjahr einpflanzen, etwa drei Zentimeter tief, und die Erde feucht halten. Es dauert dann noch ein wenig, bis ich begriff, dass mit »Wolfsbohnen« die dunkelbraunen Saatkugeln gemeint waren, die die Bauern früher tatsächlich zu Kaffeeersatz und Mehl verarbeitet haben. Daher die Bezeichnung, aha.

Uns reichen vorerst die leuchtenden szepterförmigen Blütenstände, die sich unter einem Strom dunkelgrüner Föhren vom Garten der Erinnerung hinauf zur Aletschpromenade ziehen. Sie werden uns in der Zukunft stets Vorboten eines trockenen und sonnigen Walliser Sommers sein, den wir mit langen Wanderungen durch weitere Niemandsgärten begehen.

Besuchen mich Leute aus der Stadt, rate ich ihnen immer, zuerst einmal durch die Niemandsgärten zu streifen und sich dann ein ruhiges Plätzchen auf einer Wiese zu suchen. Eine Picknickdecke und etwas Wasser, mehr braucht man eigentlich nicht, um einen wunderschönen Nachmittag zu verbringen. Manchen gefällt es so gut, dass sie darüber fast die »gewaltigen Berge« vergessen. Sie schlafen ein, mitten am helllichten Tag, und kehren mit leicht verklärten Gesichtern zum Abendessen zurück.

Wir verhalten uns dann immer ganz still, um das, was die Natur gerade in Ordnung gebracht hat, nicht erneut zu zerrütten.

ZWÖLFTES KAPITEL
Eine Frau in Flip-Flops auf 2000 Metern

Ausweglos glücklich?

> Wer das Ziel kennt, kann entscheiden;
> wer entscheidet, findet Ruhe;
> wer Ruhe findet, ist sicher;
> wer sicher ist, kann überlegen;
> wer überlegt; kann verbessern.
> – KONFUZIUS

Trotz Gerdas anhaltender Kritik, wie schwer wir uns doch das alltägliche Leben gemacht hätten, habe ich doch ab und zu auch Grund, mich über meine Yogini zu freuen: Wir meditierten gerade auf einer Aussichtsplattform am Gletscher, als wir unvermittelt mürrische Stimmen und schwere Fußtritte hörten. Es war Nachmittag, an einem Samstag, eine fünfköpfige Seilschaft engagierter Amateure kam gerade vom Großen Aletschi, zurück.

»Wenn ich doppelte Sicherung sage, meine ich das auch ...«, polterte eine barsche Stimme zu uns herauf und »was braucht's hier Steigeisen, fußkrankes Volk?« Der Bergführer hatte offensichtlich mit den Gästen seine Probleme gehabt, er klang eindeutig gereizt, und das passte zu der finsteren Mine, die wenig später im Stil von »Kilroy was here« vor uns auftauchte. Der ganz in Rot gekleidete Mann mit dem ausgeprägten Gesichtserker schenkte uns einen miesepetrigen Blick: Wie würden erst seine hochalpin ausgerüsteten Gäste, die nacheinander ächzend die Plattform erklommen, auf unsere Flip-Flops und Lungis, die traditionellen indischen Wickeltücher, reagieren? Von unseren Rucksäcken und sonstigen Kleidern war nichts zu sehen, wir hatten sie beim Hüttenwirt in der nahe gelegenen *Gletscherstube* deponiert, um ohne Ballast den letzten Teil des Weges zurücklegen zu können.

Wir merkten gleich, dass wir diesem »Führer« nicht passten. Während seine Gäste auf der Plattform verschnauften, warf er immer wieder Blicke zu uns herüber.

»Was wollen Sie wissen?«, fragte jetzt meine Frau. Sie ließ das Asana Asana sein und stand auf.

»Ich – was wissen?« Der Bergführer errötete, als habe man ihm einen unsittlichen Antrag gemacht. Erst dann deutete er auf Gerdas Fußbekleidung. »Seid ihr so raufgekommen?«, fragte er in einer Mischung aus Spott und Bestürzung. »Mit den Latschen?«

»Ja, wieso?«

Zwei der Gäste, verschwitzt und ausgerüstet wie zu einer Himalaja-Expedition, wechselten belustigte Blicke.

»Das sind ja nicht mal Hüttenschuhe. Null Profil! Und so lauft ihr hier rum?« Seine Macho-Welt schien bis ins Mark erschüttert zu sein. »Kein Wunder, dass hier andauernd was passiert. So was gehört sich doch nicht …«

»Finden Sie?«, erwiderte Gerda mit einem Gähnen. Sie hatte ihre Yoga-Matte inzwischen eingerollt und in einer Tragetasche verstaut. »Ich finde, es gehört sich nicht, die Stille dieses Ortes mit Blah-blah über Hüttenschuhe zu stören. Sie sind doch kein Kind mehr, oder? Also schweigen Sie still.«

Der Bergführer wurde noch eine Spur röter. Noch verschlossener als bei seiner Ankunft zog er mit seiner Gruppe von dannen.

Man ist halt immer so glücklich, wie man sein will, und dieser Mensch hatte offensichtlich beschlossen, nicht sehr glücklich zu sein. Wir dagegen schlenderten am Rande des

Gletschers der untergehenden Sonne entgegen, wobei wir noch viel *Prana* auftankten und den abwechslungsreichen Weg genossen, den Blick auf die vielen mit Wasser gefüllten Spalten, in denen sich wunderschön verblautes Eis zeigt. Erst kurz hinter den *Katzenlöchern* schlugen wir uns über den Kamm und auf die bewohnte südliche Seite des Berges, einem ausnahmsweise kargen Abendessen entgegen.

Der Rückweg war an diesem Abend von einem miesen Kontostand überschattet, und der liebevoll von uns beiden projizierten Ausweglosigkeit aus einer gar nicht mal ausweglosen Situation. REALITY CHECK nannten wir dieses Spiel, und das war gar nicht so schlecht, um der Verwischung von Wochen und ganzen Monaten durch die Benennung konkreter Termine entgegenzuwirken. Meine Romane lagen zwar durch die Bank weg als Drehbücher vor, doch die Vorbereitungen und Zahlung der Vorschüsse zogen sich hin. Was bekanntlich der realen Lebenssituation vieler freischaffender Regisseure und Drehbuchautoren entspricht. Verzögert sich eine Zahlung um vier bis sechs Wochen, dann kann es sein, dass man sich plötzlich an einem finanziellen Engpass befindet. Und bevor es zum Schlimmsten kommt, hilft eben der bewährte REALITY CHECK! Wir waren beide gerade vom Filmfestival in Locarno zurück, und ja, wir waren etwas länger geblieben und die Hoteliers dieser bezaubernden Stadt nehmen es von den Toten, den Halbtoten und den Lebenden, weil sie einfach jeden Ausländer für einen Abgesandten Hollywoods halten. Da lag wahrscheinlich der Hase begraben … Nun waren wir also im Paradies, doch würden wir uns kulinarisch gesehen die nächsten Tage etwas einschränken müssen. »Man kann nie zu reich und zu dünn sein!«, spottete Gerda noch. Das Geld war ja, laut Angaben des Agents, unterwegs. Und reich fühlten wir uns ohnehin aus ganz anderen Gründen …

Nichtdestotrotz hatten wir nach diesem sehr herben Winter ein durchwachsenes Resümee ziehen müssen. Die Vorteile und Nachteile unserer alpinen Lebensweise lagen inzwischen klar vor der Hand: Das Leben hier oben war rau und beschwerlich, trotz aller Romantik und Schönheit. Wer glaubt, eine Alp sei der ideale Ort, wo man einen Gang rausnehmen kann, dessen Entschleunigungswunsch wird schnell durch die Notwendigkeiten konterkariert.

Doch so blauäugig waren wir nie gewesen: Unser Entschluss, die »normale Welt« zu verlassen und eine alternative Lebensweise zum großstädtischen Mittelklassedasein auszuprobieren, erfolgte nach gründlicher Lebensauswertung. Über neun Jahre näherten wir uns der Verwirklichung unseres Traums, bis 2009 die Würfel endgültig fielen.

Bis heute fühlen wir uns nicht als Zivilisationsflüchtlinge oder hippieske Aussteiger auf der Suche nach einer Gegenkultur. Noch weniger reizt uns die Möglichkeit einer Parallelwelt oder »freistaatlichen Alpen-Spaßrepublik« à la Saas-Fee. Ebenso wenig hatten wir geplant, unter die Waldmenschen und Öko-Bauern zu gehen, davon gibt es im Wallis schon mehr als genug und wir hatten sowieso kein schlechtes Gewissen. Da dies eine autofreie Alp ist und jeder Weg per pedes zurückgelegt werden muss, haben wir in den letzten Jahren wahrscheinlich mehr zur Senkung der Emission beigetragen als sämtliche Weltklimagipfel zusammen. Und dank vier Computern, einer Flatrate und den Segnungen der mobilen Kommunikation kommen die sozialen Bedürfnisse auch nicht zu kurz. Und kleine Wochenendtrips nach Zürich, Genf oder Mailand machen plötzlich wieder ungemein Spaß!

Sicher, ein gesundes Maß an Autarkie konnte hier oben nicht schaden. Abgesehen von einer Wartung der Solaranlage hatte Gerda für 2014 auch Mini-Farming geplant. »Rüben, Kartoffeln, Kohl, ein paar Tomaten … mehr brauchen wir nicht.«

Eine Bäuerin, die nur die Sommer mit ihrer Familie hier oben verbrachte, hatte ihr schon eine Harke geschenkt. Ich dachte dagegen an die Anschaffung einer semi-professionellen Brotbackmaschine. In einem Bioladen in Brig gab es ganz hervorragende Backmischungen. Irgendwie fühlte ich mich der Selbstversorgungsfrage gewachsen. Doch man soll auch nichts überstürzen: Das Einkochen von Apfelmus oder Kirschen, das Keltern von Apfelsaft, das Sammeln von Kräutertee wollten wir auch in Zukunft besser den heimischen Bauern überlassen. Für die Haltung von Hühnern, Kühen und Schafen hatte ich sowieso keine Zeit: Drehbuchkonferenzen, Briefinggespräche und Präsentationen – alles via Skype – waren schon zeitaufwendig genug. Im Übrigen hatten wir ja nun einen Eindruck davon, dass allein die Logistik des Einkaufens, Instandhaltungsarbeiten am Haus und das Abtransportieren von Müll uns schon mehr als genug beschäftigte. Die Schlepperei wurde besonders im Winter zur Qual. Irgendwann beginnt man, sich über solche Kleinigkeiten zu ärgern, dass man beim Kauf eines Elektrogeräts eben nicht nur die deutsche Gebrauchsanleitung hier heraufschleppen muss. Was man in der Stadt täglich zum Altpapier gab, hier wurde es ein paar Wochen gesammelt und später mit dem Bollerwagen zur Deponie gerollt und entsorgt. Auch der Nachschub an Brennholz gehört zum täglich Brot eines Alpenbewohners. Zum Glück wird unser Kamin nur selten befeuert, die Sonne scheint uns hier auf der Sonnenterrasse der Schweiz mehr als genug und wärmt das ganze Haus auf natürliche Weise. Selbst in den Wintermonaten gibt es oft wochenlang Sonne, zumindest behaupten das die Einheimischen. Als ich Georges Nellen, den ehemaligen »Hofmeteorologen« des *Walliser Boten* zum Wetter befragte, legte er mir gleich mehrere statistische Erhebungen vor: Von den im Zeitraum 1975 bis 2009 im Oberwallis erfassten und analysierten Tagen waren 57 % eindeutige Schönwettertage gewesen.

Gerdas Mini-Farming stand offenbar unter einem günstigen Stern.

Und sollte das selbst angebaute Gemüse doch nicht so wollen, dann war es auch kein Malheur. Gebt mir stattdessen »Alpen-Sushi« – Lachstartar-Würfel und Kaviar-Reibekuchen mit Wachteleiern – und ich bin restlos zufrieden! An anderen Tagen bekomme ich nicht genug von Bratheringhäppchen auf knusprig gebackenem Dreikornbrot, das ich im Tal in einer erstklassigen Bäckerei kaufe. Gerda hat es dagegen mehr mit *Smoothies* aus Beeren und Früchten, die man je nach Bedarf mit Soja-Eiweiß, Spirulina, Maca und anderen *super foods* anreichern kann. Vom sagenhaften kulinarischen Erbe der Schweizer Alpen haben wir bisher herzlich wenig entdeckt, wahrscheinlich gehören wir eh nicht zu den Menschen, bei denen sich alles um neue Gaumenfreuden und Degustationsreisen dreht. In Berlin lebte ich zehn Jahre lang fast ausschließlich von Fisch und Reis und denselben Südfrüchten, die es auch hier im Supermarkt gibt. Es geht also. Was nicht heißen soll, dass man sich nicht doch ab und an nach der kulinarischen Auswahl einer Amsterdamer Utrechtsestraat oder der Lebensmittelabteilung des KaDeWe sehnt.

Stichwort Beschränkung: Wenn es etwas gibt, womit der Stadtmensch in mir hier oben zurechtkommen muss, dann ist es das. Einerseits werden wir selten in Versuchung geführt, andererseits müssen wir improvisieren, wenn wir etwas vermissen. Jede Reise nach Berlin oder Amsterdam wird daher auch für Hamsterkäufe genutzt. Die Heimkehr beginnt erst einmal mit der großen Bescherung: ein Kilo Dinkelkaffee für dich, ein Fläschchen mit steierischem Kürbiskernöl für mich. – Aber so war es doch stets in den abgelegenen Bergen. Man muss sich selbst helfen und für das, was man braucht, selbst sorgen. Zumindest für die alltäglichen Dinge.

Natürlich gibt es unsere Lieblingsschokolade nicht mehr an jeder Ecke, und wenn uns nach hiesiger Zeitrechnung abends, also so um zwanzig nach sechs, auffällt, wie leer der Kühlschrank doch ist, dann ist es eben zu spät. Man braucht einen Plan, und selbst dann wird das eigene Organisationstalent noch oft auf eine harte Probe gestellt. Dennoch nimmt man – in diesem Punkt sind wir uns einig – die vielen Nachteile gegenüber den wenigen Vorteilen bewusst in Kauf. Das Leben hier oben mag beschwerlicher sein als in der Stadt, doch auf Schritt und Tritt werden wir – entschuldigen Sie dieses anrüchige Wort – ästhetisch belohnt. Selbst die profanste Tätigkeit, der gewöhnlichste Weg wird auf natürliche Weise *veredelt*. Der Weg zur Mülldeponie – er ist und bleibt ein Erlebnis.

Wenn das die Ausweglosigkeit ist, der wir uns stellen müssen, dann sind wir ausweglos glücklich. Der Rest ist, wie alles im Leben, eine Frage des persönlichen Stils. Ob man in goldenen Riemchen-Sandalen oder Flip-Flops durch die blauen Berge flaniert oder irgendwann doch ganz vernünftig zu den schweren Bergschuhen greift, die Entscheidung bleibt uns überlassen.

Bergsommerzeit

Unter freiem Himmel

7. Juli   Wir haben draußen geschlafen, auf der Terrasse.
Ich glaube, es ist gesund, wenn man gelegentlich unter
freiem Himmel schläft. Oder nicht schläft … Die
letzte Verschalung zwischen uns und dem Kosmos ist
buchstäblich verschwunden, man sieht hinaus, nicht
hinauf, und fühlt sich – zu Hause. Ich habe die Bücher
von Virginia Woolf nie gemocht, aber in einem Punkt
sprach sie mir aus dem Herzen: »Manchmal denke
ich, der Himmel besteht aus ununterbrochenem,
niemals ermüdendem Lesen.« Genauso fühlt es sich an,
wenn man hier draußen liegt, mit weit geöffneten Augen.
Es fließt einfach durch einen hindurch und langweilig
wird es nie.

Die Konstante

11. Juli   Wenn man mit dem Zug durch ein Land
fährt – irgendein europäisches Land –, dann sieht man

immer dieselben realen Bestandteile der zivilisierten Welt – Lagerhallen, Überlandleitungen, Fabriken, Straßen und Gleise. Auch im Rhônetal ist es nicht anders. Vor jedem Bahnübergang stehen Autos, jeder hat seinen Motor, sein Steuer und seine Beleuchtung dabei. Auf den Bahnsteigen immer dieselben Trinkhallen oder Snackautomaten – die Signaturen des quälenden Stoffwechsels: Ein zivilisierter Mensch, das bedeutet wohl in erster Linie, Verbraucher und Passagier zu sein. An dieser anthropologischen Konstante wird sich vorerst nichts ändern.

Vampyrismus in der Schwyz?

19. Juli   Was man so alles in Berghütten in geselliger Runde erfährt: Ein passionierter Jäger aus dem Lötschental, den ich in der Gletscherstube am Märjelensee traf, erzählte mir von einer Wirtin aus Fiesch, die man »mehr als einmal« habe beisetzen müssen. Der stets zunehmende lukrative Fremdenverkehr habe diese »Weibsperson« oft unter den unrühmlichsten Umständen aus dem Grabe gelockt, in dem sie erstmals zu Stockalpers Zeiten beigesetzt worden war, das muss dann im 17. Jahrhundert gewesen sein. Zuletzt sei sie 2009 in einer schlimmen Aufmachung – barfuß und mit nichts am Leib als einem stark strapazierten Leichentuch – zwischen Snowboardern und kinderreichen Skipass-Inhabern auf dem Tourismusbüro erschienen, um ihre Zimmer für die Wintersaison anzumelden. Einer Vorladung der Gemeinde habe sie zwar mürrisch entsprochen, doch keinerlei Einsicht gezeigt, dass es frevelhaft sei, sich stets wieder vom Totenacker zu stehlen und den Touristen nachzustellen, geschweige denn nachts »aufzuhucken«. Die Wirtin, von der es hieß, sie habe schon zu Zeiten des großen Edvard Whymper vermietet, soll erwidert haben, sie »hucke« nur Herumtreibern und langhaarigen Nichtsnutzen auf, der »zahlende Gascht« sei ihr heilig. Notgedrungen ließ man die uneinsichtige und zänkische Frau ohne weitere Auflagen gehen. Ob sie noch immer vermietet, wusste der Jäger nicht zu sagen, aber er meinte augenzwinkernd, der Vorfall habe ihm vor Augen geführt, die Blutsaugerei und der Schweizer Fremdenverkehr steckten in derselben Schlinge, man könne das eine nicht ohne das andere loswerden.

Was die Leute wollen (sollen)
21. Juli »Unsere Menschen wollen es so.« Kürzlich gehört in einer Politik-Talkrunde mit den üblichen hochrangigen Schwätzern. Es ging wieder mal um das schöne neue, allen aufgedrückte Europa. Der Nutzen eines vereinten Europas – in Wahrheit muss er den Leuten mit *PR*-Maßnahmen und einem Marketing-Mix aus Fernsehen und Presse beigebracht werden. Wie beim Launch des *Smart*, den auch niemand haben wollte, häuften sich plötzlich die ironisch gewürzten Berichte, leicht ironisch wohlgemerkt statt allzu kritisch. So wird es auch in Sachen *EU* und Rattenschwanz an Nachteilen für die Deutschen gemacht. Selbst die Berichte über die hohen Arbeitslosenzahlen zeugen von einem gewissen Galgenhumor und führen in Deutschland zu fragwürdigen Neologismen wie »Harzern« oder »Prekariat«. Die Beutelschneider des gesunden Menschenverstands wissen längst, dass es zwischen der Realität und ihrer Wahrnehmung eine Grauzone gibt, die man durch Firlefanz ausfüllen kann. Was Europa de facto für die Menschen bedeutet? Ganz einfach: *Legt man eine Zitrone neben eine Orange, hören sie*

auf, Zitrone und Orange zu sein. Sie werden Früchte. Besser gesagt Früchtchen in einem Saftladen mit Hauptsitz in Brüssel. Nebenbei bemerkt finden so auch genormte Äpfel aus Argentinien ihren Weg in den kleinen Supermarkt auf 2000 Meter Höhe. Absurd.

Alpenglühen
1. August Und ausgerechnet am Schweizer Nationalfeiertag: Es war eher ein Zufall, dass ich es sah. Ich hatte draußen bis in die Abendstunden hinein gearbeitet und packte gerade meine Sachen zusammen, da wurde es noch stiller als zuvor. Aus den Bergen auf der gegenüberliegenden Seite des Tals waren längst tintenblauschwarze Scherenschnitte geworden, nur im Westen schwammen die Spitzen der Walliser Eisriesen noch in jenem eintönig erhabenen Silbergrau, das die Bergnacht ankündigt. Gute Nacht, dachte ich, und holte einmal tief Luft – da glühten die silbergrauen Spitzen noch einmal feuerrot auf. Halleluja! Wer noch nie ein Alpenglühen gesehen hat, dürfte sich angesichts dieser nur Sekunden andauernden Lichterscheinung noch mehr in einer Märchenwelt fühlen. Ganz still setzte ich mich noch einmal hin, um den Duft, Schmelz und Schimmer dieses scheidenden Tags zu genießen.

Back in Berlin
5. August Wenn der Feuilleton-Chef von *Cicero* zum Interview ruft, dann hört das ein Schriftsteller natürlich auch in der entferntesten Bergklause. Ich glaube, es geht eher um meinen Freund Oskar Roehler, den Regisseur von *Die Quellen des Lebens* und anderen Meisterwerken des deutschen Kinos.

Es ist heiß in Berlin und ich benutze die Gelegenheit, der Stadt eine zweite Chance zu geben (vielleicht ist es auch umgekehrt). Still stehen fällt schwer.

Okay, Berlin gefällt mir jetzt besser, was vielleicht daran liegt, dass ich zu Besuch bin und lauter nette Menschen getroffen habe (wo waren die bloß, als ich hier lebte?). Es dauerte nicht lange, bis der Schaum, der sich seit meinem Umzug auf die Alp gesetzt hatte, wieder aufwirbelte, mit dem kleinen Unterschied, dass ich jetzt wusste, dass meine Ansichten nur Schaum waren und sich von anderen Meinungen, Konventionen und Standpunkten durch nichts unterschieden. Ich strich das meiste, was ich mir in Berlin notierte hatte, und ließ nur das Folgende stehen:

»Berlin ist nicht nur vom Stadtbild her die ewige Peripherie und Nistplatz geistig-seelischer Leere: Weil hier alles geht, läuft im Grunde genommen nichts. *Land of the lost* – das war und ist Berlin heute, ein Testgelände für unausgereifte Ideen. Wäre dies wirklich – wie manche Magazine schreiben – das neue ›Mekka einer internationalen Boheme‹, dann dürften sich hier nicht zugewanderte Westfalen und Schwaben als In-Crowd gebärden. Und sie hätten einen richtigen Bürgermeister und keine Partytante, die nichts auf die Reihe bekommt. Mag sein, Brad Pitt hat sich hier mal eine Sonnenbrille gekauft und Tom Cruise wurde mal irgendwo in Mitte gesehen. Aber eine Zimmergalerie in Berlin-Mitte ist eben doch nicht das Zentrum des Universums und eine ›Treppenhauslesung‹ in einer Prenzelberg-Pinte kaum mehr als Underground-Kitsch. Ein subkulturelles Gefälle zum ländlichen Brandenburg gibt es eigentlich nicht. Sicher, dem voll subventionierten Amüsierpöbel der Stadt, diesem ›fünften Stand‹, bleibt das gleich. Die meisten hier sind nicht nur vom permanenten

Erlebnis des Scheiterns geprägt, nein, sie finden es auch inzwischen normal, in abgerissenen Klamotten wie Haderlumpen zu gehen, sich schlecht zu ernähren und im Elend zu hausen, das sie sich mit mittelalterlich denkenden Einwanderern teilen. Ich denke mal, das Beste ist, man bleibt hier auf der Durchreise.«

PS 1: Natürlich kehrte ich noch einmal zu unserer alten Bleibe in Charlottenburg zurück. Merkwürdig, liest man das neue Namensschild an der Tür, hinter der nun ein anderer lebt, dann möchte man meinen, diese Wohnung nur im Traum oder in einem früheren Leben betreten zu haben.
Der Umzug bleibt offenbar die einzig mögliche Seelenwanderung des postmodernen Materialisten: Ein Leben endet, ein neues beginnt. In einer anderen Stadt, in einem anderen Land, vielleicht sogar in einer anderen Welt ... So unbeschwert, so leicht fühlt man sich wahrscheinlich nur im Endstadium der Anorexie. Thoreau hatte wieder mal recht: »Ein Mann ist reich im Verhältnis zur Zahl der Dinge, auf die er verzichten kann.«
Irgendwann, das weiß ich längst, kann man *auf alles verzichten.*

PS 2: Stevie Vorzwerg lief mir noch über den Weg. In einer Gourmet-Pizzeria am Hackeschen Markt. »Ist das die *possibility,* Alter?«, sagte er noch. »Warum rufst du mich nicht mal an?«

Der Bergtod
17. August Der Zufall führte mich heute auf den Bergsteigerfriedhof von Zermatt, nicht weit von

der Pfarrkirche St. Mauritius, dem Landespatron des Appenzeller Kantons. Die Grabsteine haben es in sich – in Stein gehauene Picken, soldatisch verschnürte Seile, Karabinerhaken, gravierte martialische Poesiealben. Wenn mich nicht alles täuscht, dann stand ich ein paar Minuten an dem mit fünf Gänseblümchen geschmückten Grab des Bergsteigers Andreas Maurer, ein Zeitgenosse des nicht weniger legendären Henri Cordier, der allerdings 1877 in einem Gletscherstrom im Massif des Ècrins schmählich ertrank. Ich kannte bereits die romantischen Friedhöfe von Chamonix und Grindelwald, doch hier in Zermatt liegen die toten Bergführer ja so dicht wie die abgeschossenen Fasane nach der Treibjagd: Peter Taugwalder, Vater und Sohn, Führer der Erstbesteiger des Matterhorns, Franziskus Taugwalder, wahrscheinlich vom selben Holz, verunglückte an meinem Geburtstag, dem 2. September, an der Dent Blanche. Myoko Kyoko Corner klingt für mich nach einer Geisha der Berge, die ihr Herz an einen der Eisriesen des Wallis verlor. Wenigstens René Arnold könnte vom Alter her eines natürlichen Todes gestorben sein.

Ganz ehrlich? Ich glaube, das Sterben am Berg fällt leichter als das Sterben auf einem Krankhausbett. Zumindest geht es schneller. Bei einer maximalen Fallgeschwindigkeit von 190 Stundenkilometern dürfte es den Körper schlagartig treffen. Es ist ein Ende mit Schrecken, gewiss. Aber dann hat man schon seine Ruhe. Man landet in derselben dunklen Zisterne, in die uns der Schlaf allabendlich stößt. Man taucht ein und ist nicht mehr da. Ich finde in meinen Notizen eine Grabinschrift, die ich in Grindelwald las:

Hab hier mein Stundenglas zerschlagen,
halb war der Sand schon verronnen,
Noch halte ich – halte ich die von mir
eroberten Höhen.

Der Bergtod ist vielleicht der letzte heroische Tod, der
dieses Attribut verdient, die ultimative Herausforderung,
der Kampf um persönliche Ehre und das Scheitern
an einem mehr als würdigen Gegner. In den Städten
werden die Helden dagegen von Ratten zernagt und
gefressen.

Das Herz ist ein einsamer Jäger

Die Stille ist nicht auf den Gipfeln der Berge;
der Lärm ist nicht auf den Märkten der Städte;
beides ist im Herzen der Menschen.
– BUDDHISTISCHE WEISHEIT

Den Bergen verfallen heißt ein 1932 posthum erschienenes Buch der Ausnahme-Alpinistin Eleonore Noll-Hasenclever, die in den Walliser Bergen ihr Leben verlor. »Gamsli« – wie sie von Freunden genannt wurde – war nicht nur wie ich in Frankfurt aufgewachsen, mein Inbild der Berge, das Weisshorn, hatte es auch ihr angetan. Solche Vorlieben verbinden Menschen über eine Lebensspanne hinaus. Noch heute gilt diese furchtlose Frau dem Österreichischen Alpenklub als größte Bergsteigerin ihrer Zeit.

Dabei geht es in *Den Bergen verfallen* nicht um heroische Alpenfahrten, Gipfelstürme und »Lawinenabenteuer«, die die junge Bergsteigerin anfangs heil überstand. Es ist ein Logbuch über eine höchst individuelle Suche nach Glück. »Um das Glück, das die Berge ihren Getreuen schenken«, hatte sie bereits 1924 vermerkt, »ist es ein eigen' Ding. Es lässt sich nicht erzwingen. Wer aber je dieses Glück empfunden, der ist den Bergen für immer verfallen. Sie machen ihn unendlich reich, und ich glaube, er kann nie wieder ganz arm werden!«

Im Abstieg vom Gipfel des Bishorns, in einem steilen Firnhang kurz vor dem Schaligletscher, in über 3800 Meter Höhe und mit Sicht auf das Weisshorn wurde die Bergsteigerin dann von einer Lawine erfasst. Wie so oft war sie nicht angeseilt unterwegs. Ihr Leichnam wurde später aus einer Spalte geborgen und in Zermatt in einem mit Edelweiß geschmückten Sarg beigesetzt. Hatte sie den inneren Reichtum, den sie den Bergen verdankte, mitnehmen können? War es überhaupt möglich, glücklich zu sterben?

Während der letzten Wochen hatte ich mich jedenfalls immer wieder dabei ertappt, wie ich über die Vorstellung von Glück ins Grübeln geriet. Wie echt, wie beständig war eigentlich dieses Glücksgefühl, das *ich* in den Bergen empfand?

Auf jeden Fall war es merkwürdig, sich einerseits »entfesselt« zu fühlen und anderseits um sieben Uhr am Schreibtisch zu sitzen, um mein Arbeitspensum zu schaffen.

Ich konnte zwar jederzeit aufstehen, um in den *Niemandsgärten* spazieren zu gehen, doch tat ich das auch? Inwiefern machte ich mir selbst etwas vor, war ich nicht innerlich derselbe geblieben?

Ich glaubte festzustellen, dass mich der Alltagstrott wieder eingeholt hatte; der Stagnation würde die Routine und der Routine bald die Bereitschaft folgen, die Schönheit des Augenblicks der Arbeit zu opfern. Der Ausblick ins Rhônetal war längst zur Tapete geworden, die Mühsal der Selbstversorgung setzte mir neuerdings dermaßen zu, dass ich beim Schleppen laut stöhnte. Vielleicht war es auch nur die Vorfreude auf die anstehende halbjährliche Schneestampferei, die mir die Kehle zudrückte. Ein besorgter Nachbar erkundigte sich jedenfalls bei meiner Frau, ob ich *Angina pectoris* hätte. Selbst die Entspannungs-CD »Knistervariationen Schweizer Kaminfeuer«, die sommers beim Schreiben im Hintergrund lief, half nicht gegen die innere Unruhe, die ich empfand.

Das Leben schien mir einmal mehr eine nie endende Abfolge von inneren Widersprüchen zu sein. Und wenn das Positive das Schwierige nicht mehr überwiegt, dann sollte man sich nicht gehen lassen, sondern gehen. Jedenfalls musste ich raus, weg von hier, um dieses erneute Unbehagen abzuschütteln.

Es war Mitte September, schon etwas spät für eine größere Tour, doch im Val d'anniviers (Eifischtal), etwa eine Autostunde von der Talstation, gab es noch eine seit Ewigkeiten geplante und stets wieder aufgeschobene Wanderung, kombiniert mit etwas Genusskletterei. Genau so eine Tour hatte ich auf dem inneren Schirm. Ich kannte das Tal bisher nur aus Beschreibungen des Schweizer Schriftstellers Charles-Ferdinand Ramuz. Noch gilt die Gegend weitgehend vom Tourismus verschont; vielleicht würde ich hier das Gefühl wiederentdecken, das ich auf der Alp gerade zu vermissen begann.

Kurz vor sechs ging ich los, um die erste Gondel talwärts zu nehmen. Ich hatte mich für den Zugang über das östlich gelegene Zinaltal entschieden. Vom Talende aus war die berühmte Bergkette »*Couronne Impériale*« (Große Krone) mit Zinalrothorn, Obergabelhorn, Dent Blanche, Weisshorn, Bishorn und Matterhorn zu sehen: die von Julius Kugy »scharf individualisiert« genannten Gipfel des Wallis alle auf einen Schlag.

Ein Rundblick, der dem Betrachter den Atem verschlägt.

Als Ausguck kamen nur höher gelegene Schutzhütten wie die Cabane du Grand Mountet oder die Cabane de Moiry infrage. Zumindest dachte ich das. Ich entschied mich sicherheitshalber für die Cabane du Grand Mountet auf fast 2900 Meter. Die Anfahrt bis zum Einstieg schien mir ein Leichtes zu sein, und doch war ich froh, als ich – nach einer endlosen Kurverei mit flauem Magen und überhitztem Motor – den Wagen auf einem verwaisten Camping-Parkplatz abstellen konnte.

Das erste Stück des Weges führte mich durch das stille Dörfchen Zinal, an sonnenverbrannten Getreidespeichern und den Holzschnitzereien lokaler Talente vorbei. Es roch anders als bei uns auf der Alp, vielleicht ländlicher, vielleicht auch nur nach den gestapelten Briketts aus getrocknetem Schafsmist, die ich an einer Hauswand entdeckte.

Außerhalb dieser ehemaligen Maiensässe führte ein breiter Fahrweg in ein weites, menschenleeres Tal. Links und rechts waren bewaldete Hänge zu sehen, die Matten schienen gemäht oder abgeweidet zu sein. Da sich kein Lüftchen regte, hörte ich eine gute Stunde nichts als das Knirschen der Steine unter den Füßen, akustisch gerändert vom Rauschen eines nahe gelegenen Flusses, über allem die weit entfernten Triller der Vögel. Laut Wegweiser waren es noch 3 Stunden und 40 Minuten bis zur Cabane du Grand Mountet. Ich überlegte, ob ich nicht besser zur näher gelegenen Cabane Arpitettaz aufsteigen sollte, aber eines hatte ich aus meinem Spaltensturz auf dem Theodulgletscher gelernt: Einen sorgfältig gefassten Wanderplan stößt man nicht nach Gusto über den Haufen. Laune und bloße Willkür mögen auf mancher Wanderung eine Bereicherung sein, doch sich ihnen ganz anzuvertrauen, schien mir des Guten zu viel. Die Berge vor mir wirkten inzwischen wie übereinandergelegte Scherenschnitte aus halb durchsichtigem blauem Seidenpapier, ihr Anblick war wunderschön, doch die Luft war trocken und heiß, und der Weg schraubte sich leider nur allzu gemächlich in kühlere Höhen. Nach einer weiteren Stunde stand ich wieder einmal vor meinem alten Problem – zu knapp kalkulierten Wasservorräten. Glücklicherweise lief ich erst komplett trocken, als ich mich an einem ziemlich eingedampften Flussbett befand. Nur in der Mitte rauschte die Navisence – den Namen hörte ich später – als für sommerliche Verhältnisse immer noch kräftiger Gebirgsstrom zu Tal. Von dessen milchiger Farbe würde ich mich nicht abschrecken lassen. Die meisten Gewässer hier oben, selbst Rinnsale, sind sauberer als das, was man im Tal in Flaschen bekommt. Außerdem hatte ich meine federleichte Alu-Deckelpfanne dabei, mit der sich Wasser in null Komma nichts abkochen ließ.

Am Rande des Flussbetts, im Schatten von ein paar knorrigen Zirbelkiefern, machte ich mir einen Sherpa-Tee und meditierte. Ich fühlte mich fast wieder so wie damals im Baltschiedertal, die Pforten meiner Wahrnehmung waren endlich wieder geöffnet, die Sinne geschärft. Mein geistiges und körperliches Wohlbefinden hatte sich in den letzten anderthalb Stunden enorm gesteigert, das alte Glücksgefühl war zurück. Vielleicht lag es am Rauschen des Stroms, vielleicht an der Farbe des Himmels, die heute noch tiefer, noch reiner war als an anderen Tagen, aber ich fühlte mich auch wieder völlig im Hier und Jetzt. Und das unmittelbare Zeitgefühl, das jeder von einer langen Wanderung kennt, stellte sich ein: Was passt dann nicht alles an Eindrücken in eine halbe Stunde hinein … Ob die Uhren hier oben wirklich langsamer gehen?

Nachdem ich den restlichen Tee in meine Thermoskanne gefüllt hatte, war es Zeit für die nächste Etappe. Der Weg schlängelte sich unterhalb des Besso-Gipfels durchs Zinaltal an einem mit vergilbtem Gras, verblühten Alpenrosen und Leimkrautnelken bewachsenen Hang entlang. Zum ersten Mal war im Westen der weiße Dreikant der Dent Blanche über einem anderen, nicht weniger imposanten Gipfel zu sehen. Im dunstigen Licht der frühen Nachmittagssonne wirkte dieser mächtige Berg wie eine archaische Gottheit, deren Anblick mich mit einer tiefen Wiedersehensfreude erfüllte. Dieser Riese bietet dem Wanderer förmlich die Stirn, kein Wunder, dass er in den Dreißigerjahren noch Steinbockberg hieß. Nebenbei war er mein erster Viertausender gewesen, ich hatte ihn 1999 über den Wandfluegrat genau von der anderen Seite aus erklommen. Von der Tour waren mir vor allem die riskante Kletterei am Grand Gendarme genannten Joch und der lange, windige Firngrat zum Gipfelkreuz in Erinnerung geblieben.

Nun betrachtete ich diesen weißen Zacken wie einen alten Freund, mit dem ich einiges durchgemacht hatte. War es dasselbe Glück, das meine Seelenfreundin Eleonore empfunden hatte, eine Erfüllung, die vielleicht nur auf dem Entschluss beruhte, mit sich selbst Frieden zu schließen, es gut sein zu lassen?

Während der Weg in einen verwilderten Geißpfad übergegangen war, und selbst dieser sich ab und zu in Geröllhalden, einem Gewirr aus Blöcken und Felstrümmern, verlor, ging mir plötzlich auf, was ich fühlte: Freiheit. Und dieses Gefühl bildete – vielleicht nur in diesem Moment – mit meinem Bewusstsein einen alles durchdringenden Gleichklang. Es war eine Bejahung des Seins, ein Annehmen der Welt, wie sie war.

Blaugoldene Ferne, endlose Wanderschaft … Mehr Freiheit kann es für uns Menschen nicht geben. Ich glaubte mich zu erinnern, wie es war, als ich das erste Mal in meinem Leben Freiheit empfand.

In seine Freiheit fällt man so wie ins Wasser – oder gar nicht. Es gibt keinen Mittelweg, keine halbherzige Flucht. Dass ich meine Karriere in der holländischen Werbung Ende der Neunzigerjahre an den Nagel gehängt hatte, erschien mir in diesem Moment wie der erste Schritt auf einem langen Weg. Im Rückblick nenne ich ihn heute den Herzensweg, weil er nicht vom Verstand und seinen Kalkülen ausgeheckt wurde: Wer ihn geht, der folgt einfach dem Herzen, dessen deutlich vernehmbare innere Stimme wohl jeder kennt.

Schon damals war ich an den Gedanken gewöhnt, ein Leben am Rand der Gesellschaft zu führen, Außenseiter zu sein. Ich beobachtete und degoutierte in meinen Romanen die fortschreitende Armutsgeschichte der Menschheit, die Fehler und Irrtümer, die sich mit jeder Generation wiederholten. Obwohl es mich nicht betraf, litt ich an diesen Zuständen, und dass ich litt, konstatierte ich täglich bei vollem Bewusstsein: Versuche einmal zu schreien und du wirst feststellen, du hast keinen Mund. Du kannst nur einknicken, innerlich verbluten – oder mitmachen (immer schön den »Gefällt-mir«-Knopf drücken) und vom Status quo profitieren. Subtil räubern, sich mit Schakalen und Hyänen anfreunden, ein falsches Spiel mitspielen. Ich konnte das nicht, die arme Kunst der Verstellung war mir fremd. Das führte zu einem Riesenproblem mit den Leitmedien, denn die deutsche Literatur, dieses Reste-Essen von Intellektpassanten, lebt bekanntlich seit Heinrich Böll von dieser Kunst. Man empfand das, was ich schrieb, als skandalös. Ehrlichkeit und Bereitschaft zum Diskurs, Gerechtigkeitsgedanken – ein Affront für die Sprachaufseher vom feuilletonistischen Gesinnungskartell. Doch der Versuch selbst ernannter Gouvernanten, einen Kulturvorbehalt zu verhängen, scheiterte glücklicherweise am Votum der Leser. Meine persönliche Erkenntnis aus diesem Debakel? – Lass niemals zu, dass sie deine Seele brechen. Ganz gleich, was sie versuchen, kämpfe erhobenen Hauptes, mit einem Lächeln im Gesicht, und weiche niemals – und wenn, dann nur aus taktischen Gründen – zurück. Eine verlorene Schlacht bedeutet nichts, im Gegenteil, manche Niederlage wendet sich überraschend zum Besten. Das vermeintliche Skandalbuch wurde zum Bestseller, auch Auslandsübersetzungen und literaturwissenschaftliche Exegesen blieben nicht aus.

Der nächste Blick auf die vergletscherten Schrunden und Gletscherzungen versöhnte mich bereits mit meinem ach so bitteren Schicksal, nie wieder um die Sympathie von Kulturerziehern und Nutznießern des sedierten Zeitgeists buhlen zu müssen. Ich stand im Licht, als freier, ungebrochener Mensch, was kümmerten mich noch verminte Gebiete im Erinnerungszirkus der Deutschen? Es war ja – wie die Buddhisten sagen – nie etwas gewesen.

Inzwischen sonnendurchglüht, kletterte ich durch eine Klamm, in der im Frühsommer wahrscheinlich reißendes Wildwasser tobte. Es war glücklicherweise Urgesteinskletterei, Gneis und solider Fels, an dem man sich festhalten konnte. Nachdem ich ein grob gezimmertes Provisorium aus Brücke und Schutzstand überquert hatte, ging es an einem mit Ketten und alten Seilen gesicherten Klettersteig wieder hinauf. Hier und da wäre eine Trittschlinge sicher von Vorteil gewesen, doch natürlich ging es auch so. Mehrmals musste ich einen überdachten Lawinenschutz queren. Vielleicht wurde die Anstiegsroute auch im Sommer von Steinschlag bestrichen, es klackerte regelmäßig im blockigen Schutt. Fast zu regelmäßig …

Offenbar war ich von der intensiven Sonne benommen, denn als ich ihn sah, stand er mir schon im Weg, höchstens fünf, sechs Schritte entfernt – ein stattlicher schwarzbrauner Ziegenbock mit knallgelben Augen. Solche Begegnungen hatte ich schon öfter in den Bergen gemacht, doch dieser Gehörnte hier schien ein besonders furchtloser Bursche zu sein, der sich weder durch wüstes Brüllen noch wildes Gestikulieren vertreiben ließ. Nachdem ich ihn notgedrungen umrundet hatte, folgte er mir in gebührendem Abstand, wobei er in zehn Minuten nur einmal einen Meckerton von sich gab.

Am Himmel waren Wolken aufgezogen und ich fragte mich, was passieren würde, sollte ich auf dem Rückweg von einem Wettersturz überrascht werden. Wie gewöhnlich hatte ich nur eine Regenjacke dabei. Meine rechte Schuhsohle hatte – ich erinnerte mich nun – seit letztem Herbst eine undichte Stelle.

Vom Abrunpass ist das menschenleere Gebiet um den Lago Devero gut zu sehen.

Am See der Stille.

Lagune am Lago Devero.

Auch eine Seite des Horns...

Sologänger –
mit Selbstauslöser
unterwegs.

Die Couronne Impériale: Mir fehlten ein paar Zacken...

Allein auf dem Theodulgletscher.

Where do I go from here?

Farbsymphonie des größten Bergmalers aller Zeiten.

Am Grimselpass.

Der Grimselsee mit Hospiz.

Wintersonne am Grimselpass

Angekommen! Mit Ruhe und Gelassenheit blickt der Montagnard in die Zukunft.

Still, stiller, am stillsten. Kurz vor Sonnenuntergang.

Bergsamurai im Nebelwald.

Solange ich das Weißhorn, die weiße Pyramide des Wallis, im Rücken habe, ist alles ... wanderful.

Um mich herum gab es nur Geröll, nicht was Unterschlupf oder Schutz vor Regen geboten hätte. Ich glaube, jeder Bergwanderer hätte sich an meiner Stelle dieselben Gedanken gemacht.

Gerade als ich schon ans Umkehren dachte, tauchte endlich die steinerne Schutzhütte auf. Die Schweizer Flagge war gehisst, die rot-weißen Fensterläden standen weit offen. Doch das fiel mir erst im Nachhinein auf ... Vielleicht lag es an den dunklen Wolken, die die Sonne immer wieder verdeckten, aber der Ausblick, der sich mir bot, hatte durchaus etwas von einer riesigen steinernen Krone, der mindestens drei Zacken fehlten. Da waren Obergabelhorn, Arbenhorn, Trifthorn, Zinalrothorn und Dent Blanche, doch von der anderen Hälfte der Krone, Weisshorn, Matterhorn und Bishorn, war nichts zu sehen! Auf den Schrecken musste ich mich erst einmal setzen ... Was der bis dahin so stille Ziegenbock zum Anlass nahm, aus Leibeskräften zu meckern!

Mit der inneren Erregung eines gefoppten Touristen betrat ich die Hütte, die ein heilloses Durcheinander bot. Deckenstapel, Transportkisten und Pappkartons blockierten den Durchgang zur Küche. Die Hüttenwartin, eine ebenso resolut wie gestresst wirkende Frau mit Augenbrauen-Piercing, Herrenhaarschnitt und passendem Kampfgewicht, sah mich an wie eine Erscheinung.

»Was machen Sie denn hier?«, fragte sie mich erst auf Französisch, dann auf Deutsch. »*Fermé, Monsieur* – wir sind geschlossen ...« Und einen Atemzug drauf, in einem weitaus freundlicheren Ton, ob ich ihr vielleicht beim Tragen der schweren Kisten zur Hand gehen wolle? Ein Heli hole sie heute Abend noch ab, die Cabane sei erst wieder im Dezember geöffnet. Das ganze Material müsse zu Tal. Sie werde sich auch revanchieren.

Hmm ... Muskeln sind in der Umgebung von Berghütten immer gefragt, man sollte vorsichtig sein, wo man im T-

Shirt aufkreuzt. So erschöpft ich war, mir blieb nichts anderes übrig.

Während wir gemeinsam Materialkisten zum provisorischen Landeplatz schleppten, herrschte sie immer wieder den Ziegenbock an. »Ach, der schon wieder! Der geht mir so was von auf den Geist …!« Entweder habe er sich verlaufen oder es handele sich um einen Ausgestoßenen seiner Herde, sie hoffe, der Schnee werde den »alten Stinker« zurück ins Tal treiben. Angesichts ihrer gereizten Stimmung beschloss ich, meine Frage bezüglich der »Großen Krone« sehr vorsichtig zu formulieren.

»Da hätten Sie besser zur Cabane Arpitettaz gehen sollen«, meinte sie knapp. »Wie viele Leute haben mich hier schon nach dem Weisshorn gefragt … Es gibt doch Führerliteratur, oder nicht?«

Ich hielt es für klüger, ihr nicht zu sagen, dass meine Erwartung von Bergbüchern der Vierziger- und Fünfzigerjahre genährt wurde. Zeitgenössische »Führer« waren mir wegen ihrer billigen Aufmachung und der lieblosen Beschreibungen ein einziger Gräuel. Entweder war das, was ich gelesen hatte, reinstes Bergsteigerlatein oder der Verfasser hatte einen anderen, heute vergessenen Berg im Mountet-Kessel bestiegen und von da aus einen vollständigen Rundblick gehabt. Voneinander abweichende Beobachtungen entsprachen der Besonderheit dieser einzigartigen Landschaft. Jeder entdeckt sie anders, und hundert Meter können – was die Aussicht im Hochgebirge betrifft – einen Riesenunterschied machen. Mal geht man zu weit, mal nicht weit genug. Mal liegt der Ausblick »um die nächste Ecke«, mal mitten im Nebel. Was hatte ich schon für fruchtlose Dispute mit anderen Bergsteigern über Gipfelausblicke geführt.

Die Arbeit war inzwischen getan und die Hüttenwartin lud mich zu einem hochprozentigen Jägi-Tee ein. Keine schlechte Revanche.

Ihre Stimmung hatte sich völlig gewandelt, selbst der gehörnte Meckerer wurde nun wohlwollend ignoriert. Dass sie keine Einheimische war, hatte ich längst begriffen, doch dass sie aus dem Westerwald stammte, nur wenige Kilometer von meiner Heimatstadt entfernt, war irgendwie des Guten zu viel. Sie wiederum staunte Bauklötze, dass ich das ganze Jahr über auf einer abgelegenen Alp lebte. »Und die Berge fallen Ihnen nie auf den Kopf? Wirklich nie?«

»Na ja …«

»Na, sehen Sie! Mal im Ernst, das hält doch niemand aus! Also, wenn ich das früher gewusst hätte …« Offenbar hatte sie hier den ganzen Sommer über halb ehrenamtlich geschuftet. Nun war sie froh, dass die Saison zu Ende war, die letzten Wochen hätten ihr arg zu schaffen gemacht. »Diese Wildnis hier oben …« Irgendwann hätte sie alles nur noch als deprimierend empfunden. Angesichts des steinernen Naturwunders vor ihrer Haustür schien das schwer nachvollziehbar zu sein, und doch nannte sie mir ihre Gründe: »Ein Mensch ohne Stadt, das geht auf die Dauer nicht gut, glauben Sie mir. Von mir aus können Sie Ihren Eskapismus ja ausleben, aber ich denke, ein normaler Mensch, der vermisst die ordnende Kraft der Gemeinschaft … Es ist wie Isolationshaft, nur noch schlimmer, weil man den Knast als Knast nicht erkennt, sondern immer noch denkt: Oh, wie ist das schön …«

Oh, wie ist das schön. Da hatte sie irgendwo nicht ganz unrecht, vor allem, wenn man einen zweiten Jägi-Tee mit Schuss intus hat. Sie machte den Eindruck, als hätte sie jahrelang keinen Gesprächspartner gehabt. Während sie von einer Freundin zu erzählen begann, Sozialpädagogin und Therapeutin, die ihr das alles eingebrockt habe, überlegte ich, ob es vielleicht eine kürzere Rückwegsmöglichkeit gab.

»Seit Jahren geht die mit Süchtigen wandern, quer durch die Alpen. Vom Lötschental über den Gemi-Pass, dann die Südrampe entlang, Richtung Sierre, bis ins Val d'anniers …

Das ist schon ein Stück. Die meisten von denen gehen schon auf dem Zahnfleisch, wenn sie in Goppenstein aus dem Zug fallen. Kreislaufkollapse gibt es am laufenden Band ...«

»Ach ja?«

»Und Nervenzusammenbrüche. Manche von denen sind zum ersten Mal in ihrem Leben außerhalb einer Stadt, da muss nicht viel passieren, und er liegt mit einem Nervenkasper am Boden ...«

Eines Sommers sei sie so zum Spaß mitgekommen, natürlich auch um den »armen Klappergestellen« behilflich zu sein. Beim Tragen, Kochen und beim Aufbau der Zelte. Hier, am Ende des therapeutischen Trips, hätte ihr der Pächter der Cabane dann eine Vakanz aufgeschwatzt: »Hallo, Sie, junge Frau – Sie sehen wie meine natürliche Nachfolgerin aus!«

Ach ja, sie und ihre romantischen Vorstellungen von den Bergen, vom gebräunten Lohn eines langen Alpsommers – der »alte Fuchs« habe sie in die Falle gelockt! »Dass man das Wirtspatent braucht, hat er mir auch nicht gesagt, hab ich alles nachmachen müssen. So eine Dumme wie mich findet man hier oben sicher nicht alle Tage.« »Sagen Sie mal ...« Ich glaubte, eine Art Hüttenkoller aus ihrer Stimme heraus zu hören, und fragte mich, ob sie vielleicht doch nur ein Mitglied der Hüttencrew war oder jemand, der hier hängen geblieben war nach einem therapeutischen Trip? »Ich will ja nicht unhöflich sein, aber ich muss heute Abend noch zurück nach Zinal ...« »Sie Glücklicher!«, sagte sie schnell. »Wieso? Sie fliegen doch direkt nach Zermatt. Den Luxus eines Lufttaxis hab ich nicht ...«

Sie schien meine Gedanken erraten zu haben, denn sie wies mich darauf hin, dass man über den Zinalgletscher absteigen könne. Der Weg sei von der Hütte mit roten Stangen bis zum Einstieg markiert. »Sie sind doch nicht blind ...« Auch auf dem Gletscher gäbe es Zeichen, doch generell müsse man sich einfach »schräg« halten. Oberhalb des Gletschers führe dann ein Pfad zur Cabane Petit-Mountet, einer Beiz, und von da aus ein gut ausgebauter Weg nach Zinal. »Spart Ihnen eine halbe Stunde, würde ich sagen.« Sie sammelte die vielen Teegläser ein und schenkte mir einen prüfenden Blick: »Sagen Sie mal, Sie sind doch kein Bergvagabund?«

»Wieso?«

»Na, wegen dem Bart ...«

»Nein, wirklich nicht!«

»Und wieso leben Sie dann das ganze Jahr über auf einer Alp? Sie haben doch nichts ausgefressen, oder?«

»Nicht, dass ich wüsste ...«

»Nun sagen Sie mir schon Ihren Grund!«

Es schien sie wirklich zu reizen und natürlich hatte ich die Frage in den letzten zwei Jahren schon öfter gehört. Nur meine Mutter hatte sie mir nicht gestellt. Ich glaube, sie weiß, warum ich hier bin.

»Haben Sie je von Eleonore Noll Hasenclever gehört?«

Sie würgte ihr eigenes Lachen schon im Ansatz ab.

»Niemand hat so einen bescheuerten Namen«, sagte sie dann.

»Und niemand zieht wegen einer Frau in die Berge ...«

So hatte ich das zwar nicht gemeint, aber ich hatte keine Lust, noch mehr Verwirrung zu stiften. »Ich würde sagen, man kann nicht ewig von einer anderen Welt träumen. Man kann auch anfangen, an ihr zu bauen ...«

»Was haben Sie denn gebaut?«

»Ein Haus.«

Sie schüttelte nur mitleidig mit dem Kopf.

»Sie haben sich eine Ski-Bude gebaut und halten das für den Anfang einer anderen Welt? Sie sind kein Bergvagabund, sondern nicht ganz richtig im Kopf ...!«

»Ja, das haben schon andere vor Ihnen vermutet ... Wahrscheinlich haben Sie recht.«

Ein Blick auf die Uhr sagte mir, dass mein Rückweg mich nicht nur zu einer Beiz, sondern inzwischen auch in die Nacht führen würde. Glücklicherweise hatte ich eine Stirnlampe mit frischen Akkus dabei.

Bevor sie wieder von ihrer Leidenszeit anfangen konnte, verabschiedete ich mich und machte mich sofort auf den Weg. Der Ziegenbock meckerte mir mehrfach nach, doch er schien nicht mehr geneigt, mir in die Abendstunden zu folgen. Die roten Stangen, manche sogar mit Büchsen bekrönt, brachten mich schnell an den Rand des Zinalgletschers, der mir im Vergleich mit dem Aletschi eigentlich ganz überschaubar erschien. Der Einstieg ließ sich mühelos finden, doch Markierungen auf dem Gletscher waren nirgends zu sehen. Nachdem ich die Steigeisen angelegt hatte, ging ich los. Glücklicherweise lag kein Schnee auf dem blanken Eis, es war ein Leichtes, die Spalten zu überspringen oder zu umgehen.

Noch einmal sah ich zurück zur »Couronne Impériale«, diesem Ausdruck einer magischen und beseelten Natur. Die mit den Wolken kämpfende, bereits untergehende Sonne hatte die wild zerrissenen Eisbrüche der Gletscherströme in ein Wechselspiel aus grellem Licht und farbigen Schatten getaucht. Die weiß glänzenden Felsenrippen des Obergabelshorn – sie schienen plötzlich sanft zu erröten und dieses Rosa, das nach meinem Empfinden exakt dem altgriechischen *Ochron*, der Hautfarbe, entsprach, behauchte nun auch den silbernen Firngrat zwischen Dent Blanche und dem vorgelagerten Grand Cornier. Das Weisshorn vermisste ich nicht. Ich empfand stattdessen eine tiefe Dankbarkeit, dass ich hier alleine mitten auf dem Zinalgletscher diesem Farbenspiel zusehen durfte. Berauscht von der Natur, glaubte ich einmal mehr zu begreifen, dass es an uns liegt, an uns Menschen, einen nachvollziehbaren Sinn in unserem Dasein zu finden. Ein »Ziel« wird nicht aufgebaut, damit es der Läufer verfehlt. Die Nihilisten mögen das genau so sehen, doch die Epigenese der Evolution, die eindeutig eine Weiterentwicklung der Lebewesen anstrebt, zeugt von einer anderen Intention der Schöpfung. Nichts ist Zufall. Es wäre Irrsinn zu glauben, *dass alles nur da ist, um keinen Sinn zu ergeben.* Unsere Sinne entwickelten sich sicher nicht, um die Herrlichkeit der Schöpfung als nichts abzutun. Als Überlebenskünstler hat sich der Homo sapiens sicher bewährt, die Frage, die bleibt, heißt, wozu überleben?

Für nichts? Wer Gott leugnen will, der muss sich selbst leugnen können. Und ich fühlte in diesem Moment in mir, dass mehr für die Anwesenheit eines Schöpfers sprach als dagegen.

In der Dämmerung querte ich den von braunem Schutt bedeckten Eisstrom, was auf der kurzen Strecke von anderthalb Kilometern ohne Zwischenfälle gelang. Leider erwies sich die Suche nach dem Einstieg in den Weg als sehr schwierig. Im abnehmenden Licht sah alles und nichts an dem brüchigen Hang nach Geißpfaden aus. Der Strahl meiner Lampe schien in schwindelerregende Tiefen zu fallen, in der sich meine alten Bergschuhe wie monströse, graue Lebewesen bewegten. Verbogene, ein Zoll dicke Eisenstangen und Drahtseile wiesen an einer Stelle auf einen Erdrutsch hin, doch an einen Rückweg über den Gletscher wollte ich erst gar nicht denken.

Nach einem langwierigen Anstieg durch Moränenschutt fand ich gegen halb zehn den Weg zur Cabane Petit Mountet und lief von hier aus im Dauerlauf in knapp 45 Minuten zurück nach Zinal. Verschwitzt erreichte ich kurz vor Mitternacht mein Auto. Ich fühlte mich immer noch glücklich. Eine Bergwanderung nach meinem Geschmack ist erst dann zu Ende, wenn der Körper nach Hause will. Und meiner wollte ganz dringend nach Hause.

Die letzte Gondelbahn hatte ich allerdings schon verpasst, man kann nicht immer gewinnen. Dann also das gute alte Parkplatz-Hotel. Ich rief noch Gerda an und bat sie, sich keine Sorgen zu machen. Eine Nacht in freier Natur lässt sich nicht mit einer Nacht im Berliner Görlitzer Park vergleichen.

Eingepackt in einen Schlafsack und den letzten Rest Sherpa-Tees schlürfend, blätterte ich im Licht meiner Stirnlampe in Noll Hasenclevers Aufzeichnungen. Für sie hatte es scheinbar nur das Glück der Berge gegeben. Sie war Teil der Landschaft geworden, und umgekehrt hatte sie die Berge verinnerlichen und in ihre Persönlichkeit einbetten können. Für Menschen wie mich, die erst spät in ihrem Leben hier herauf gefunden haben, würde es eher auf eine halbe Liebe, ein halbiertes Glück hinauslaufen. So ungewöhnlich war das sicherlich nicht. Die meisten Nachbarn, selbst die Einheimischen, hatten noch eine Wohnung im Tal, manche im nicht weit entfernten Tessin. Andere sogar in Zürich, Basel und Bern.

Gegen den Druck der Einsamkeit ist kein Kraut gewachsen, und selbst wenn mir im Morgengrauen ein Rudel Hochwild Gesellschaft leistete, ja, ein junges Reh mit Bambi-Augen aus dem Seitenspiegel zublinzelte, es tröstete nicht darüber hinweg, dass das Glück der Berge erst im gelegentlichen Umweg über die menschliche Zivilisation und ihre bekannten Zumutungen dauerhaft bleiben kann.

Zumindest sagte mir das die beredte und unparteiische Gelegenheitsvernunft, die uns im Halbschlaf die Karten legt und beweist, wir können gar nicht gewinnen. Das Glück der Berge? – Wo bitte? Schwärmerei, weiter nichts!

Ach, das Herz, es bleibt ein einsamer Jäger …

Bergspiegel der Seele

Es ist doch erstaunlich, was ein einziger Sonnenstrahl
mit der Seele des Menschen machen kann.
– FJODOR DOSTOJEWSKI

»Fahr mal langsamer …«

»Wieso?«

»Du sollst bitte langsamer fahren!« Es war Mitte Juli auf
der Sonnenterrase der Schweiz und hier oben fürchterlich
heiß. Im offenen Wagen zottelten wir gerade eine der Ser-
pentinen hinauf, die – in Sichtweite des Rhônegletschers –
geradewegs zum Furkapass führt. Meine Frau drehte in der
Kurve immer wieder den Kopf, wobei sie fast ihr Kopftuch
verlor. »Da unten, sieh mal … Sieh mal, ob das Bergmaler
sind …?«

»Wo denn?« Ich bremste vorsichtig ab, denn ich hatte ein
Rudel von Wochenend-Bikern mit ihren auf laut getrimmten
Maschinen im Schlepptau. Aus einer Haltebucht überblick-
ten wir den Ort Gletsch mit dem Hotel »Glacier du Rhône« und dem klotzigen »blauen Haus«, das den Mitarbeitern
der Dampfbahn Furka Bergstrecke angeblich als Unterkunft
dient. Auch das dampfende schwarze Stahlross war deutlich
zu sehen. Etwas außerhalb der Ortschaft erkannten wir mehrere Männer vor Staffeleien. Andere schienen im Sitzen oder

kniend zu zeichnen, einige Passanten oder Touristen sahen ihnen bei ihrer Tätigkeit zu. Jetzt, wo wir hier standen und uns die Hälse verrenkten, verlangsamten auch andere Fahrer das Tempo. Ein schwarzer *Nissan Rhinozerus* (sorry, aber ich nenne sie so) mit verchromtem Rammschutz und allem Bling-Bling schaffte es, sogar noch hinter uns an einer im Grunde für einen Fiat Punto gemachten Stelle zu halten. Es musste Millimeter-Arbeit gewesen sein, denn ich hatte das Gefühl, Mad Max und sein wild toupiertes Huhn blickten mir direkt über die Schulter. Waschechte Bergmaler in freier Natur, ja, das bekommt man auch hier im Wallis nicht alle Tage zu sehen. Und doch gibt es sie noch – die »Freilichtmaler der Berge«. Schon an der Kunsthochschule hatte ich eher heimlich die Bilder des Briten Edward Theodore Compton bewundert und mich gefragt, warum handwerkliches Können in den Verruf von Kulissenmalerei oder noch Schlimmerem geraten war. Immerhin hatten diese Maler ihr Handwerk verstanden, und ihre Sujets waren von zeitloser Schönheit.

Tage später erfuhr ich durch Zufall drei Namen aus der Zeitung: Peter Stähli, Marcel Hischier, Lorenz Huber und drei weitere Kollegen hatten das Wochenende am Fuße von Furka und Grimsel verbracht, um sich von der Hochgebirgslandschaft verzaubern zu lassen. Hier, an der Grenze zu Italien, werden Maler mit Licht von jeher verwöhnt. Es bringt die Felsen zum Leuchten und die Erde zum Glühen. Jeder, der in die Berge zieht, wird früher oder später einen *Zuwachs an Farbe* in seiner Umgebung entdecken. Das Leben wird buchstäblich bunter, und das ist schön. Vor allem färbt es auch auf uns ab. Oder wie Seneca einst seinem Freund Lucilius schrieb: *Wer aus dem Schatten an die Sonne gegangen ist, wird davon etwas Farbe bekommen, auch wenn er gar nicht deswegen an die Sonne getreten war.* [6]

---

6 Briefe an Lucilius 108, 4 ff.

Mehr Licht – das bedeutet neben intensiveren Farben und starken Konturen auch eine spürbare Erhellung des Gemüts. Die intensiv leuchtenden Farben der Landschaft – sie machen Laune und versetzen müde Lebensgeister in Schwung. Das findet zumindest der im Wallis bekannte Bergmaler Claus Weise. »Ohne Farbe ist das Gefühl, lebendig zu sein, wie weg«, verriet er mir, als ich ihn eines Abends auf seine Bilder ansprach. Als gelernter Lithograf, Jahrgang '43, hatte der gebürtige Krefelder stets mit Farbe zu tun. Inzwischen hat er sie als Absolutum seines Lebens begriffen. Vor allem das vielfältige Blau der Berge, das mir wie der »Bodensatz« seiner farbenprächtigen Palette erscheint. Er weigert sich, in einer monochromen Landschaft überhaupt eine Landschaft zu sehen, erst Farbe verleihe dem Ganzen »Seele«. Noch interessanter vielleicht, Weises Auffassung von der Bergwirklichkeit. Gibt es die überhaupt? Bewusst male er »Trugbilder und Fata Morganas« von Bergen, »Märchen, die es so in der Wirklichkeit gar nicht gibt«, »Bergspiegel.«

Weise kann malen, kein Zweifel. Hätte Vincent van Gogh seinen Farbrausch nicht in Südfrankreich gesucht, wäre er weiter nördlich gezogen, er hätte der Nachwelt vielleicht ganz ähnliche Impressionen geschenkt. Multiperspektivisch gestaffelte Bergrücken und Eisbrüche – wie auf einem Holzschnitt von Hokusai Hodogaya – scheinen in Weises Zeichnungen und Aquarellen klare Hinweise zu sein, dass das Malen immer auch Gradwanderung ist, die den Künstler an innere Abgründe führt. Vordergründig betrachtet drückt sich das durch scharfe Komplementärkontraste und Farbspiegelungen aus, hinter denen sich spektrale Farbtemperaturen verbergen, die sich – so Weise – »der bewussten Wahrnehmung entziehen«. Und damit hat er recht: Allein die Himmelsbildung über diesen gemalten Bergen oder die aus rohen Farben gebrochenen Pfeiler … Trotz der lyrischen oder verrätselten Sicht auf die Berge bleibt der Auslöser Berg für den »Blaukünstler« Weise elementar. Wer mit den Bergen arbeitet, der lässt sich im wahrsten Sinn des Wortes auf etwas Größeres ein.

In der zeitgenössischen Kunst kommen Bergmaler so gut wie gar nicht mehr vor. Was wohl daran liegt, dass der internationale Kunstmarkt nur noch das Deformierte und Restlos-Gestörte hofiert. Ästhetik, Spiritualität, Erkenntnisgewinn haben in der als moderne Kunst propagierten Sause, die eigentlich einer Geldanlagestrategie geschmackloser Investoren entspricht, keine Bedeutung.

Ob in dieser von zynischen Herren beherrschten Welt jemals wieder eine Epoche geistvoller, meditativer Kunst anbrechen wird? Vielleicht dann, wenn die Geldkreisläufe einmal zum Erliegen gekommen sind und der ganze aufgeblasene Schwindel, der sich selbst als Kultur beweihräuchert, implodiert.

Die flüchtige Begegnung mit den Bergmalern hatte mich jedenfalls neugierig gemacht und in den nächsten Monaten suchte ich immer wieder Ausstellungen auf. Nicht alle kamen an das professionelle Niveau der Jubiläumsausstellung im Kongresssaal Grindelwald namens »Gipfelwelten« heran. In manchem Foyer einer Sparkasse stand ich peinlich berührt von der lieblosen Präsentation.

Die Gilde der Schweizer Bergmaler scheint es nicht leicht zu haben in einer Zeit, die sich gänzlich der Neomanie unterwirft. Lieber pflanzt man Schrottskulpturen in altertümliche Dorfkerne ein – krude Plastiken, die so aussehen, als hätten hier Bauarbeiter ihre Utensilien vergessen. Hauptsache, es wird auf falsch verstandene Weise der Moderne gehuldigt. Das scheint in der Schweiz nicht anders zu sein als in jedem anderen europäischen Land.

Ich beschließe einmal mehr, mich in den Augen der kulturellen Lizenzträger zum Narren zu machen und eine Lanze für die zu Unrecht vergessenen Bergmaler zu brechen. Wer sich heute als bildender Künstler in dieses Sujet wagt, ist weitaus »authentischer« und kreativer als mancher vom Zeitgeist gehypte Schausteller, dessen Banalitäten die letzte Documenta zu einer ästhetischen Zumutung machten. Erstaunlich: Wer moderne Bergmalerei einmal unvoreingenommen betrachtet, der wird sogar Ähnlichkeiten mit Streetart oder Manga Comics entdecken. Vor allem aber die Leidenschaft echter Forscher, die mit erstaunten Sinnen über den steinernen Tempeln der Natur meditieren. Nicht allein von der Größe der Berge oder der Intensität sinnlicher Eindrücke, sondern von der Empfänglichkeit des Gemüts hängt die Ernte ab, die ein Bergmaler von seinem Streifzug heimbringt. Ich glaube, den meisten ist das bewusst. »Im Grunde bin ich kein Maler, sondern ein Beobachter«, bekennt der 1945 geborene Daniel Bollin. Seine Werke stehen auf seltsame Weise der kriminologischen Spurensicherung nahe und verdanken ihre filigrane Struktur einer Abdrucktechnik von Gräsern, Zweigen, Blüten und anderen Artefakten. Die aufgetragenen Farblasuren scheinen den Lichtfiltern einer Kamera zu entsprechen, mit dem Unterschied, dass Bollins Blick tiefer in die Materie eindringt, als es das gläserne Auge vermag. Der mikroskopische Blick trifft hier auf den Atomzeit-Gedanken.

Aus einem gänzlich anderen Blickwinkel scheint sich der gebürtige Thüringer Gerhard Thiele seinen geliebten Bergen zu nähern. »Für mich ist das Malen wie eine Meditation«, schrieb mir der Mann, der sich im SAC und der Gilde gleichsam zu Hause fühlt. Besonders gern male er oben auf einem Gipfel im Kreis der erschöpften Bergkameraden. Mit Pastell oder Aquarellfarben. Seine Kunst stellt er dabei unter den Scheffel. Die Natur sei »der größte Maler« für ihn; wer in ihren Farben zu malen versuche, der würde wohl oder übel nur bei Kitschbildern landen. Thieles Werke gehen in eine andere Richtung, wie sein suggestives Porträt der nepalesischen Ama

Dablam verdeutlicht. Das vibrierende Himmelblau über der weißen Kapuze des Berges macht die Leinwand fast transzendent. Was liegt dahinter? – Mehr Licht.

Auch im grafischen Werk von Franz Bucher, einem in vielen Techniken bewanderten Meister, spielt das Licht eine große Rolle. »Für meine Psyche wie auch für meinen Forschungsgeist als Maler und Zeichner sind Landschafts- und Lichtstimmungen wesentlich.« Auf dem Weg zu seinem innersten Licht durchlief Bucher, der seine Themen in beträchtlichen Werkzyklen weiterentwickelt, stets neue »Situationen«. Der Schnee zerfällt für ihn – analog zum Prisma – in »farbiges Weiß«, er erfasst das intuitiv und verfährt doch so, wie die physikalische Welt ihm befiehlt. Man könnte Thiel zu Recht den »Lichtmischer« nennen. Auf seinem Weg durch Nebeltreiben, Dunst und Wolkenschleier wird Licht bereits erheblich gefiltert, ganze Frequenzbereiche absorbiert. Erreicht das Licht endlich den Schnee, sind in den von Unebenheiten geworfenen Schatten tatsächlich die spektralen Ergänzungstöne zu sehen. Einem Goldbraun steht ein Rotviolett gegenüber, einem Tintenblau helles Grün. Das ist keine esoterische Dampfplauderei, sondern Physik. Die geologischen Schichten offenbaren dem Künstler dagegen ihre »Ge-Schichten«, während er sie mit Öl, Aquatinta oder Bleistift gründlich sondiert.

Der 1951 geborene Marcel Hischier ist eher von den »Ecken und Kanten« seiner Sujets fasziniert, die er vor allem über Hell-Dunkel-Kontraste im filigranen Wasserfarbenspiel definiert. »Das Licht der Berge erstrahlt für mich wie ein Diamant.« Er gesteht auch, die Kraft der Sonne lasse ihn immer wieder »Kraft für den Alltag auftanken«. Eine Erfahrung, der der Verfasser dieser Zeilen nur aus tiefstem Herzen zustimmen kann. Wer jemals einen Berliner Winterblues hatte, der badet hier oben auf der Alp fast das ganze Jahr über in einer Beleuchtungsstärke von satten 100 000 Lux und dürfte nie mehr im Leben an Lichttherapie oder ähnliche Zivilisationskrücken denken.

»Mehr Licht, mehr Lebensfreude«, man kann es sich nicht oft genug sagen. Wenn es überhaupt einen Grund der Rechtfertigung braucht, im 21. Jahrhundert noch Gebirgslandschaften zu malen, dann ist es dieses unglaubliche Lichtspiel des Himmels, selbst wenn er wolkenlos ist. Man erlebt Licht wirklich als Kraft. Dem stimmt auch die Bergmalerin Marianne Reichel zu, wenn sie schreibt: »Das Lichterlebnis ist hier viel intensiver als anderswo.« Gleichzeitig betont sie die »Ruhe, die im Hochgebirge Geist und Körper durchfließt«. Sie diene ihr »als Kontrast zum hektischen Alltagsleben im Mittelland« und generiere »Entspannung und Zufriedenheit«. Wer vor ihrem Diptychon *Schwarzhorn* eine Zeit lang innehält, der sieht genau, was sie meint. Auch die kalt glänzenden Wasserfarben von *Matterhorn* oder dem Bild *Eiger Nordwand* fangen eher eine Lichtstimmung ein …

… so wie dieser Regenbogen vor meinem Fenster. Man sollte hier öfter mal vom Schreibtisch aufblicken! Vielleicht liegt es an der Enge des Tals oder den Bergen – aber fast immer nach einem kräftigen Regen stehen diese riesigen, farbstrotzenden Brücken über der Rhône. Und noch immer reizt mich die Idee, einmal im Leben über so einen Bogen zu gehen … Vielleicht ist es das, was auch die Bergmaler reizt – stets wieder nach den Farben des Himmels zu greifen, in der Hoffnung, dass etwas davon auf ihre Leinwand abfärben wird.

Die Gilde der Schweizer Bergmaler vereint so viele Talente, dass es aussichtslos wäre, hier alle namentlich zu erwähnen. Es sind große Namen darunter, und andere, die ihre Kunst fast wie ein intimes Genre treiben und keinen Wert auf Publicity legen.

Was all diese Lichtmischer und Blaukünstler über die kantonalen Grenzen hinweg vereint, ist die ungebrochene Freude am Licht und die Lust an der Farbe, wie sie sich in den Bergen stets wieder neu manifestiert. Ich kenne jedenfalls keine bessere Voraussetzung für eine lebendige Malerei.

Septembernovember

Wunderkerzen

2. September   Warum nicht mal Lausanne? Meinen
Geburtstag am Genfer See verbracht, eine andere
wunderbare Ecke der Schweiz, zwei Stunden entfernt.
Nabokov hatte es nach Montreux verschlagen, Audrey
Hepburn, diese Prophetin der Anorexie, besaß hier
ein Haus nahe Vevey. Dort ist sie dann an Darmkrebs
gestorben, immerhin mit Blick auf den See.
Vom Bahnhof findet man schnell den Weg in die
Altstadt Lausanne. Wir tranken einen Milchkaffee im
Schatten der Kirche St. Francoise und staunten über die
Geschäftigkeit all dieser Menschen. Lange suchten wir
nach einem einzigen glücklichen Gesicht in der Menge.
Wir fanden es nicht.
Nach dem Mittagessen in einer Hotel-Brasserie
schlenderten wir hinunter zum See. In der glühenden
Mittagssonne folgten wir dem Quai du Vent-Blanc bis
hinunter zum Ufer. Ich hatte mir den Lac Léman – wie
hier der Genfer See heißt – nicht so groß vorgestellt.

Die Farbe des Wassers erinnerte mich tatsächlich an eine karibische Lagune, ein großes seifiges Blau, über dem Goldpollen tanzten. Ein paar Stunden blieben wir hier und sahen hinaus auf den glitzernden See, wo die Sonne ihre Wunderkerzen abbrannte. Ich nahm es als Geschenk, dass ich hier sein durfte an diesem Gestade, neben meiner Frau, um diesen Tag zu genießen. Sicher, ich wäre kein positiver Melancholiker, hätte ich dabei nicht auch den Schmerz des Abschieds empfunden. »Nur schade, dass das Auge modert, das diese Herrlichkeit erblicken soll.« Kleist. Schade oder nicht, es lässt sich nicht ändern.

M 38?

3. September Wölfe im oberen Goms? Bei dem am 3. September abgeschossenen Wolfsrüden handelt es sich um den schon seit 2012 bekannten M 35, der auf Sömmerungsalpen – wie der Schweizer sagt – zwischen Reckingen und der Grimsel Schafherden nachstellte und ein Dutzend Tiere riss.

Auf unserem Weg von der Bettmeralp zur Gopplerlücke entdeckten wir heute die bis auf den Knochen abgenagte Keule eines Schafes. Große Wollbüschel hingen in den Sträuchern. Der Anblick der Überreste hätte wohl bei jedem Wanderer ein mulmiges Gefühl hinterlassen. Dass es drüben, jenseits der italienischen Grenze, ganze Wolfsrudel gibt, hatte mir einmal der Schafhirt von der Alpe Forno ausführlich berichtet. Doch wie viele Wölfe gab es im Goms?

Später erzählte mir Armin Bittel, einer der erfahrensten Jäger unserer Alp, es wäre wohl M 38 gewesen, ein Rüde aus dem Calanda-Rudel, dessen Revier man in Graubünden vermutet. Ganz ehrlich? Ich halte nichts von Raubtieren dieses Kalibers in den Bergen. Ohne

Waffen hat der Mensch nicht die Spur einer Chance.
Doch irgendwie passt es zum alten Berliner Zeitgeist,
seine natürlichen Feinde zu hegen.

Einklang

9. September   In einer Hinsicht hat die Stille doch ihre
Tücken. Nach zweieinhalb Jahren empfindet man selbst
das Ticken der Eieruhr als störend. Den alten Wecker aus
Amsterdam mit seinem schrillen Alarm haben wir schon
lange aus dem Schlafzimmer verbannt.
Stattdessen weckt uns eine Klangschalenuhr. Der sanfte,
sirrende Ton scheint mit dieser mythischen Landschaft
im Einklang zu sein, er passt besser hierher als das
Gebimmel der Kühe auf den Weiden und das Pfeifen
der Räthischen aus dem Tal. Er ist, wie würde man sagen,
weniger aufdringlich und fordert nichts von uns als die
Bereitschaft, uns zu entspannen.

Nadel und Stoff

12. September   Wer man wirklich ist, das zeigt sich in
dem, was man tut, wenn man unbeobachtet ist. Bei mir
hat sich da nichts geändert: Ich suche mir irgendein
ruhiges Plätzchen und schreibe. Oh weh, ob ich jemals
davon loskommen werde? Lieber Wein trinken werde,
Zigarren rauchen? (Danke, Hausi, für die kubanischen
Lungentorpedos!)
Nach neuesten neurologischen Erkenntnissen ist der
kreative Prozess nichts weiter als eine Ausbeutung
der »Leerlaufstellung« des Gehirns. Kombiniert mit
der wohltuenden Ausschüttung von Endorphinen.
Konsequent betrieben, führt das Schreiben zur Sucht.
In meinem ersten Roman war ich mir dessen noch

bewusst, hatte es aber zwischenzeitlich fast wieder
vergessen: »Er war Nadel und Stoff zugleich.« Von
irgendetwas muss man offenbar immer abhängig sein.

Down to earth

20. September 2013   In der Septemberausgabe der *Vogue*
(9/13) macht sich der Schriftsteller Salman Rushdie über
Voltaires *Candide* lustig, wo es an zentraler Stelle heißt,
der Mensch lebe »in der bestmöglichen aller Welten«.
Rushdie (S. 342): »Na ja, wenn dies die bestmögliche
Welt ist, hat Gott einen furchtbar schlechten Job
gemacht.«
Ach nee? Mensch, da wären wir jetzt nicht
draufgekommen …! Und da haben wir ihn wieder,
den Menschen in seiner anthropozentrischen
Selbstherrlichkeit, das hochfahrende, alles besser
wissende Tier, das sich inzwischen – nachdem es ihm an
nichts mehr mangelt und es in Lebensgenüssen nur so
schwelgt – darüber empört, dass ihm die Haare ausfallen
und dass es irgendwann alt und hinfällig wird, schließlich
stirbt. Unerhört, oder?

Kredit kommt von credo

21. Oktober   Der letzte übersinnliche Hort ist das
Geld! Die meisten europäischen Länder leben von den
Krediten, die ihnen ein undurchschaubares System
einräumt oder streicht. Kredit kommt vom lateinischen
credo. Es bedeutet glauben. An was? An die Penunze
natürlich.
Das Kasperletheater, das die Kirche gerade aufführt –
wie scheinheilig sieht das aus im Vergleich mit einer
doppelsitzigen, von Philip Starck entworfenen

Badewanne, passend zu den Räumlichkeiten eines
deutschen Bischofs mit Zimmerspringbrunnen, weißen
Marmorsäulen, einem echten Boss-Schreibtisch
und – man höre und staune – »kugelsicherem Glas aus
den Staaten« … Ach ja, der Durchschnittsbischof ist halt
auch nur Rapper mit schlechtem Geschmack.

Schreibübung
24. Oktober   Ein Richter, der Mitleid mit einem zum
Tode verurteilten Dieb hatte, wies denselben an, eine
randvoll mit Wasser gefüllte Schale von einem Ende der
Stadt zum anderen zu tragen. Würde er nichts, keinen
Tropfen verschütten, wäre er frei.
Tatsächlich gelang dem Dieb dieses Kunststück. Gefragt,
was er unterwegs gesehen habe, antwortete der Mann, er
habe nichts gesehen, nicht das Geringste. Genau so sollte
es sein, wenn man schreibt.

Es wettert
1. November   Im Grunde müsste man Georges Nellen
ein ganzes Kapitel widmen: Der Mann, der im Wallis
den Ruf eines »Wetterpropheten« genießt, stützt
seine Prognosen auf Messungen, die er seit 38 Jahren
akribisch notiert: Durchschnittstemperaturen, Schnee-
und Regentage, Bewölkung … Nellen arbeitet mit
den Mitteln des Feldforschers, der vor Ort – sozusagen
an vorderster Wetterfront – rapportiert. Selbst wenn
die Meteorologie keine exakte Wissenschaft ist,
einer Gesetzmäßigkeit glaubt sich dieser Nestor der
Wetterkunde doch inzwischen gewiss: Das Walliser
Wetter scheint einem Siebenjahreszyklus zu folgen.
Exponierte Ereignisse wie die Unwetter-Katastrophe

von Brig 1993, der Lawinenwinter 1999 und die schneereichen Winter 2006 und … 2013? Kaum vorstellbar, dass es noch schlimmere Winter gibt als den von 2011, wo wir hier sieben Meter Schnee hatten. Nellen prognostiziert aufgrund einer Abkühlung des Golfstroms gravierende Veränderungen für das Klima in Mitteleuropa. Die nördlichen Gebiete des Wallis (Lötschental, das Aletsch-Plateau und Goms) dürfen bald mit größerem Schneesegen rechnen als der Süden (also Zermatt, das Saastal und die Simplon-Region), was auch bedeutet, dass der Große Aletsch in den nächsten Jahren wieder zulegen wird.

Diese Aussicht versöhnt mich doch fast wieder mit der anstehenden Plackerei!

NEIN

24. November   Der Schweizer »Stimmbürger« hat heute dreimal Nein zu den spinnerten Ideen der Regierung gesagt: *NEIN* zur Verteuerung der Autobahnmaut, *NEIN* zur Begrenzung von Managergehältern und *NEIN* zu einer Variante des Betreuungsgelds. Man kann es drehen und wenden, wie man will, es tut gut, wieder in einem demokratischen Rechtsstaat zu leben, wo sich das Volk nicht das Heft aus der Hand nehmen lässt und seine Eigeninteressen zu verteidigen weiß.

Der Hirsch … ein Elch?

26. November   Die meisten Menschen halten Rudi, den Elch, für ein komisches Tier. Dass auch Hirsche durchaus Komödianten sein können, durfte ich gestern aus der Seilbahn verfolgen. Dank der entlaubten Bäume stehen die Rudel jetzt am Hang wie auf dem

Präsentierteller. Glückliche Tiere sehen irgendwie
anders aus, vor allem Kälber – keine fünf, sechs Monate
alt – wirken neben der Mutter, als wären sie in eine Art
Schreckstarre verfallen. In solch ein am Boden kauerndes,
zweisames Elend marschierte ein stattlicher Hirsch
und schüttelte mit seinem Geweih den Schnee aus den
Zweigen. Die so künstlich »beschneiten« Kälber und
ihre Mütter sprangen auf und wirkten wie reanimiert.
Vielleicht war das Sinn dieser komischen Einlage eines
Hirschs.

SIEBZEHNTES KAPITEL

Keine der üblichen Lagerfeuergeschichten ...

Chuck Norris kaut Bienen

Verliere nie den Rest deiner Kindheit, das Lockere.
Dann nämlich gehören die Berge dir,
sonst gehörst du ihnen.
– HANS KAMMERLANDER

Seid wie Wasser.
-BRUCE LEE

Es dürfte nicht allzu oft vorkommen, dass sich ein aus Film und Fernsehen bekannter Kampfkünstler wie Mathis Landwehr auf eine neblige Alp im Spätherbst verirrt. Doch Mathis und ich sind seit Jahren befreundet und ich freue mich über diesen Besuch, auch wenn er für uns mit Arbeit verbunden sein wird.

Als ich ihn und das Team gegen Abend von der Gondelbahn abhole, sieht man ihm die lange Fahrt von Zürich ins tiefste Wallis nicht an. Wie immer strahlt er eine unglaubliche Lässigkeit aus, und trotz eines grippalen Infekts hilft er beim Ausladen einer Extra-Gondel voller Gepäck. Star-Allüren kennt der Mann nicht, den die Rolle als Kung-Fu-Mönch Lasko weltberühmt gemacht hat. Im Gegenteil, er ist der kameradschaftlichste Mensch, den ich kenne. Daher hat er einem Treffen mit einem zwölfjährigen Fan aus dem Tal zugestimmt. Ich kenne den Jungen und habe ihn eingeladen, seinen Helden einmal persönlich kennenzulernen. Um unser Treffen zu dokumentieren, hat sich auch die chinesische Fotografin Soblue Weina dem Team angeschlossen. Wir wollen gemeinsam einen Trailer für einen Abenteuerfilm produzieren, an dem wir schon lange arbeiten.

Obwohl Mathis nicht zum ersten Mal in den Bergen ist, staunt er nicht schlecht über die Aussicht von der Terrasse. Es ist schon fast dunkel, doch die aus dem Rhônetal heraufglitzernden Städte lassen erahnen, wie hoch wir hier sind.

»Das muss Wahnsinn sein, hier jeden Morgen aufzuwachen. Ein Traum, Mann, ein Traum …« Der *Genius Loci* hat Mathis willkommen geheißen. Und er denkt bereits laut darüber nach, hier auf der Alp ein Sommer-Trainingscamp einzurichten.

In den letzten zwei Jahren hatte unser »lärchiges Haus« – wie es die Einheimischen nennen – schon einiges an Gästen gesehen, aber keiner setzte meinem alten Sandsack draußen unter dem Balkon dermaßen zu wie Mathis. Er lebt seinen Sport mit unglaublicher Leidenschaft, und seit einigen Jahren kam noch eine neue Liebe hinzu: Bergsteigen. Daran bin ich vielleicht nicht ganz unschuldig. Alles, was ich aus meiner Zeit als aktiver Bergsteiger weiß, habe ich Mathis im Laufe der Jahre erzählt: Die Faszination der körperlichen Grenzerfahrung, die einzigartige Begegnung mit der Natur, das Ausloten der Kräfte, die Einsamkeit und die Marotten der Sonderlinge, denen man begegnet, die ihre Zahnbürste auf Streichholzlänge kürzen, um Gewicht zu sparen. Und heute arbeiten wir an einem Spielfilm, der *Martial Arts* mit dem Abenteuer des Bergsteigens verbindet: Eine anspruchsvolle Rolle, in die Mathis mit viel Seelenarbeit und Geduld hineingewachsen ist, die er verinnerlicht hat und die sich ebenso in seiner Physis zeigt.

Der Film, das Bergsteigen, die Kampfkunst, das sind unsere gemeinsamen Themen. In allen dreien geht es um *deep play*, eine tief innerlich motivierte Tätigkeit, eine existenzielle Erfahrung und die Möglichkeit, in eine erweiterte Identi-

tät einzutauchen. Sinnloses Gipfelsammeln Sensationsgelüste
sind am Berg völlig zweitrangig. Schon gar nicht geht es darum, eine von Fixseilen und Bohrhaken abhängende »Heldentat« zu vollbringen; wer den echten Härtetest der Berge
bestanden hat, weiß, wie viel er Fortuna verdankt. Der Berg
bestimmt, weil er sich trotz aller technischen Hilfsmittel dieser Welt einer klaren Berechnung entzieht.

»K1 oder K2 – ob du ein Kampfkunst-Turnier bestehst
oder den *Killer Mountain* besteigst, ich glaube, bei beidem
prüfst du dich intensiv, begegnest dir auf einer ganz tiefen
Ebene. Für mich ist Kampfkunst ein nie endendes Selbst-
erforschen«, meint Mathis, während wir abends am Lagerfeuer sitzen. »Ohne dich selbst, ohne den Menschen, bleibt
Bushido[7] nur ein Wort. In der Kampfkunst geht es darum,
sich selbst immer wieder auf die Probe zu stellen. Die Bereitschaft, der Mut, es zu tun, zählen.« Er lächelt und stochert mit
einem Ast in der Glut. »Oder wie sagte der gute Mr Miagi
immer so schön: Verlieren gegen Gegner – okay! Verlieren
gegen Angst – nicht okay!«

Die Anspielung »Karate Kid« war mir geläufig, ich hatte
den Film als Jugendlicher gesehen, der Spruch war unter den
Straßenjungs meines Viertels fast legendär. Und es stimmt:
Wer zu viel Angst hat, dem dürfte die beste Kondition und
Ausrüstung in einem tagelang anhaltenden Eissturm nichts
nützen. Angst lähmt, engt ein, kostete Unmengen Energie. In
Höhen von mehr als 4000 Meter zehrt der Berg einen ohnehin aus. Was zuletzt zählt, sind die psychischen Widerstands-
kräfte, die einen befähigen, mehr zu ertragen. Man muss aus-
harren können. Unsere geheimsten Überzeugungen, ob wir
gewinnen können oder nicht, ob wir aus dem richtigen Holz
geschnitzt sind, um eine Situation zu überstehen, oder uns

---

7 Bushidō 武士道, jap.: der »Weg des Kriegers«. Sammelbegriff für Formen der Martial
Arts.

selbst etwas vorgemacht haben: in einer extremen Situation am Berg kommen sie, so unansehnlich sie auch sein mögen, ans Licht. Das Sich-Messen mit dem Berg oder einem überlegenen Gegner im Ring, beides zeigt uns die Wahrheit über uns selbst. Was hält einer aus, der es nicht mehr aushalten kann? Wann lässt er los? Wann verliert er den Glauben an sich selbst und die Sache? Hier oben wird man nur finden, was man selbst in sich hatte. Die Berge spielen die Rolle von steinernen Lügendetektoren. Sie sind unbestechlich, stellen jeden von uns auf eine knallharte Probe genauso wie im Kung-Fu. Der Name kommt bekanntlich vom chinesischen *gongfu*, was wörtlich übersetzt »harte Arbeit« bedeutet. Es heißt auch, Kung-Fu verlange von seinen Schülern, viel Bitteres schlucken zu können. Damit sind Übungen gemeint, die den Körper abhärten, belastbar und ausdauernd machen. Wir haben Mathis am Nachmittag beobachtet, wie er mit bloßem Oberkörper bei null Grad am Sandsack trainierte, da konnten wir sehen, was harte Arbeit bedeutet – auch für den Sandsack. »Chuck Norris kauft keinen Honig«, frotzelte mal mein Freund Martial Martin, »der kaut Bienen! Das ist nach seinem Geschmack.«

Auch Mathis scheint mir jemand zu sein, der die unbequemen Wahrheiten im Ursprünglichen sucht – den Stachel im Honig.

Ich frage ihn, was ihn eigentlich am »steinigen Weg« des Kung-Fu fasziniert. Er muss nicht lange überlegen, bevor er sagt: »Ich glaube, Bushido wie Bergsteigen verlangen völlige Hingabe, Demut, Geduld und Ehrlichkeit, an erster Stelle sich selbst gegenüber. Dadurch wird man besser.«

Der Bergpionier John Tyndall wird übrigens ähnlich zitiert: Er meinte sogar, man kehre »veredelt, als klügerer und stärkerer Mensch von den Abgründen der Alpen nach Hause zurück«.

Genau das scheint in diesem Moment ratsam zu sein – zu-

204

rückzukehren ins warme Haus, denn eine eiskalte Nebelsuppe schiebt sich an unser prasselndes Lagerfeuer heran. Und es regnet.

Der nächste Tag dagegen ist ein sonniger Tag und es wird vor der Kulisse der Fußhörner, nicht weit vom Aletschgletscher, gedreht.

Dem Kameramann Jalaludin Trautmann gelingen eindrucksvolle Aufnahmen von Mathis als Gebirgsguerilla Luk Drach. Sascha Girndt, unser Producer vor Ort, hat wirklich an alles gedacht, Styling, Licht, Kostüm – alles funktioniert, und so gewinnt die Figur zunehmend an Gestalt. Es ist ein Erlebnis für mich, zu sehen, wie aus meinen Kritzeleien mit Bleistift und Kuli plötzlich Realität entsteht. Da sitzt er also, der Held meiner schlaflosen Nächte, und schleift die Frontalspitzzacken seiner Steigeisen ein. In diesem Moment fühle ich mich wie ein Geist, der in einer Zwischenwelt schwebt.

Die nächste Szene entwickelt sich organisch aus der ersten heraus, Mathis kann seine Rolle in- und auswendig. Und offenbar hat er sich die entscheidenden Fragen gestellt: Wie so ein Kerl aussieht, der permanent der Höhensonne ausgesetzt ist und mit einem Kalorienminimum über die Runden kommen muss? Wahrscheinlich wäre er federleicht und bestens in Form. Wie würde so einer trainieren, wenn es nirgends ein Sportstudio gibt?

Fragen über Fragen. Das Haus in den Bergen ist ein idealer Ort, um Pläne zu schmieden, erste Antworten zu finden. Wieder einmal bewahrheitet sich, in der Ruhe liegt die Kraft. Das Team genießt sichtlich die Zeit, selbst wenn der Weg zu den einzelnen Drehorten aus jedem von uns einen Packesel macht. Obwohl es Filmleute sind, habe ich den Eindruck, unter echten Bergkameraden zu sein. Alle packen mit an. Und freuen sich abends über Gerdas Hirschgulasch in Backpflaumensoße.

205

Der nächste Nachmittag gehört der Fotografin Soblue Weina, die Mathis und mich mit bezaubernder Leichtigkeit durch einen in Nebelschwaden getauchten Wald dirigiert. Aus dem Garten der sommerlichen Freude ist inzwischen ein größerer Garten der Wehmut geworden. Und es ist bitterkalt. Ich hoffe, dass Mathis nicht noch kränker wird, als er schon ist. Aber der »Kung-Fu-Man« scheint unverwüstlich zu sein. Ein vom Unterholz überwucherter Vita-Parcours, dessen Geräte teils schon verwittert sind, bringt uns auf die Idee, ein spezielles Trainingsprogramm für Luk Drach zu entwickeln. Ein Work-out mit Steinen, warum nicht? Aber auch Klettern und yogisches *breath walking* könnten helfen, die notwendige außergewöhnliche Physis für die Leinwand zu schaffen.

Während wir angeregt fantasieren und planen, macht Weina ihre Porträts von Mathis. Zum Spaß hole ich noch meine Katanas, und so, als Waffenbrüder und fahrende Samurai, werden wir vor den spukhaft aus dem Nebel ragenden Bäumen verewigt. Na schön, trotz allem glaube ich, es gibt noch größere Kindsköpfe als mich … Allerdings nicht auf dem Aletschplateau.

Wohl oder übel kamen wir an Mathis' letztem Abend noch auf die »Niederlagen unseres Lebens« zu sprechen – die sich später dann als Stufen zu größeren Erfolgen darstellten.

Mit Widerständen umzugehen, den Lebensweg nicht in die geschützten Bahnen der Cliquenwirtschaft zu verlegen, sondern eigensinnig zu bleiben, provoziert einen Konflikt am gesellschaftlichen Träbertrog, und man muss mit Rückschlägen rechnen. Wo es um Geld geht und gesellschaftliches Prestige, da verstehen die lieben Säugetierkameraden keinen Spaß. Sicher, man kann das schattige Hundeplätzchen nehmen, das sie einem freundlicherweise zugedacht haben. Man kann sich sagen, das war's. Doch die bessere Alternative heißt, nach einem Rückschlag aufzustehen und den Weg, den man für den richtigen hält, fortzusetzen.

Man muss allerdings ein Faible für dergleichen haben. Und ein dickes Fell. Um ehrlich zu sein, habe ich mich nie so elend gefühlt wie im Frühjahr 2004, als sich Teile der staatstragenden Presse mit polemischen Kritiken gegen mich wandten. Harmlos war das Ganze sicherlich nicht, und ich hatte Glück, dass viele Leser den medial inszenierten Kulturvorbehalt gegen mich ignorierten, das Buch verkaufte sich gut. Dennoch: ich wünschte, dieser Kelch wäre an mir vorübergegangen.

Es bleibt die Wahrheit der Berge ebenso wie die Quintessenz des *gongfu*: *Was nicht tötet, härtet ab.*

Auch Mathis' Karriere ist das Ergebnis eines langen, für »aussichtslos« erklärten Kampfes gegen Vorurteile, Argwohn und Engstirnigkeit … Niemand gab ihm anfangs auch nur den Hauch einer Chance. – Wer wollte einen jungen Deutschen in den Fußstapfen von Bruce Lee? Wie sollte das gehen? Zwar hatte er Ost- und Südostasien bereist, sogar über Jahre dort gelebt, um von den echten Meistern zu lernen. Doch für das, was er vorhatte, stieß er in Deutschland auf taube Ohren und mutlose Herzen. Er stand buchstäblich allein mit dem Rücken zur Wand, was – nach der Kampfkünstlerin Lydia Zijdel – gar keine so schlechte Ausgangsposition ist:

»Eine der Katas im Stil *Naihanchi* bedeutet buchstäblich: *Kämpfen mit dem Rücken zur Wand.* Ich habe gelernt, dass auch das Kämpfen mit dem Rücken zur Wand kein aussichtsloses Unternehmen sein muss (…) Es gibt einen Weg vor dir, der dir allein dadurch stärkere Unterstützung bietet, dass du dich nicht umzuschauen brauchst.«[8]

---

8   Zitat: Lydia Zijdel, eine Kampfkünstlerin, die ihre Kunst im Rollstuhl ausübt

Mathis befand sich zu Anfang seiner Karriere in derselben Situation. Die Wand im Rücken half ihm, seine Energien zu fokussieren. Die Wand vor ihm wurde davon nicht kleiner.

Als er 2005 seinen ersten Spielfilm drehte und wenig später zum Star einer Fernseh-Serie avancierte, wendete sich zwar das Blatt, doch nun machte ihm eine Springsehne in der Schulter schaffen. Ein wohlmeinender Arzt fühlte sich gar zu der Diagnose bemüßigt, Mathis sei physisch am Ende, die Fortsetzung seines Trainings ein Ding der Unmöglichkeit. Das ist nun auch schon wieder einige Jahre – und einige Sportverletzungen mehr – her. Mathis hat auch diese Gegner gemeistert, mit Flexibilität statt Widerstand. »Ohne die Fähigkeit, während eines Vorhabens seine Richtung anzupassen, wird man innerlich starr und somit unbeweglich. Starre Dinge haben die Neigung zu brechen.«

Letzten Endes kommt es überall auf unsere Beweglichkeit an, körperlich und geistig unfassbar zu bleiben, während man selbst die großmögliche Reichweite hat. So denken zumindest Kampfsportler.

Nachdem das Team am nächsten Morgen abgereist ist, kehrt die Stille zurück. Nur die Ketten des Sandsacks klirren und quietschen noch leise im Wind, während ich im Erdgeschoss das Filmmaterial sichte und mich später mit einem heißen Sherpa-Tee auf die Terrasse begebe. Erst jetzt fällt mich die Müdigkeit an. Pure Erschöpfung. Die Zeit des Abenteuers an Mathis' Seite ist vorerst vorbei. Für die nächsten Tage ist Schnee angesagt, starker Schneefall sogar, und mir wird klar, wie eng das Zeitfenster war, in dem wir drehten: Wir hatten alles riskiert und gewonnen – und genau so muss es sein.

Ich blicke zu den von der untergehenden Sonne vergoldeten Bergen hinüber, ich weiß jetzt, sie können mich sehen. Und dann – als wäre es das Natürlichste auf der Welt – verneige ich mich erstmals in tiefer Demut und sage Danke.

Geh um dein Leben

> Wenn ich die Zivilisation hinter mir lasse,
> fühle ich mich sicher.
> – HEINRICH HARRER

Vielleicht war es doch keine allzu gute Idee, Mitte November, am Nachmittag, die eingeschneite Passstraße Richtung »Grimsel Hospiz« zu gehen. Die Sonne stand schon tief und in den letzten Stunden hatte es – dank einer kräftigen Brise – einen krassen Temperatursturz gegeben. Wo die Straße abgetaut war, glitzerte jetzt gefrorene Nässe. Es war glatt. Nachdem am 29. Oktober bereits die Wintersperre für den Sustenpass verhängt worden war, fiel am 4. November auch für den Grimselpass die rot-weiße Schranke. Die Innerschweiz macht allmählich dicht. Die eine, ohnehin unbewohnbare Hälfte der Schweiz (in der Vertikalen) versinkt im Winterschlaf, aus dem sie erst wieder zum Frühjahr erwacht. Auch der Furkapass, über den Goethe vor etlichen Hundert Jahren im Schneegestöber mit seinen Führern marschierte, war gesperrt. Unten im Tal hatte ich noch überlegt, ob ich diesem Weg einmal nachspüren sollte, aber angesichts der eisverkrusteten Steilschrofen entschied ich mich für einen anderen, mir bereits bekannten Weg. Er wirkte nicht ganz so gesperrt wie der Furka, und den Montagnard gehen solche

Verbote freilich nichts an, wird der Schnee mal zu tief, packt er die Schneeschuhe aus. Doch so weit war es noch nicht, es war möglich, auch ohne »Tennisschläger« unter den Stiefeln zu gehen.

Ich nahm den »alten Weg« quer durch den ansteigenden Wald zum Restaurant »Rhônequelle«, eine Tour, die im Winter zum »Hüswäg« gehört. Den hatte ich vor Jahren schon einmal mit einer Freundin gemacht. Damals musste ich mir noch von Christiane ein Paar Schneeschuhe leihen, heute hatte ich meine eigenen Untersetzer dabei. Handschuhe, Gamaschen, Halstücher, Schals, Mützen – meine Garderobe hatte sich in den letzten zwei Jahren ziemlich verändert. In der kalten, dunklen Jahreszeit empfiehlt es sich, in der Bergwildnis nichts zu riskieren.

Ich legte gleich einen Zahn zu, denn die blasse, hinter Hochnebelfetzen schwimmende Sonne schien mit jeder Minute mehr in den Sinkflug zu gehen. Die sonst so lebendige Passstraße wirkte wie eine Kurve ins firnhelle Nichts.

In der Zwischensaison trifft man in den Bergen noch weniger Menschen als sonst, vielleicht war ich deshalb hier draußen, vielleicht auch nur, weil ich mir gerade privat Goethes *Briefe aus der Schweiz* zu Gemüte geführt hatte. An einem weitaus ungemütlicheren 12. November, auf den Tag genau vor 234 Jahren, war der Dichter des *Faust* und der *Wahlverwandtschaften* vom Ende des Rhônetals nach Realp aufgebrochen. Es sollte seine dritte und letzte Schweiz-Reise sein. Warum zog es ihn, der damals am Hofe zu Weimar in Saus und Braus lebte, ein Günstling des Fürsten, hofiert und »gepampert«, überhaupt noch einmal in die unzugänglichen Berge des Wallis? Der Schweizer Schriftsteller Ludwig Hohl meinte einmal salopp, »um dem Gefängnis zu entgehen«. Womit er nicht Goethe meinte, sondern den kollektiven Wahnsinn namens Gesellschaft, der uns mit seinen vorgefertigten Lebensentwürfen und ausgeheckten Beglückungsformeln das Dasein verödet.

Ich habe inzwischen noch eine andere These: Der *geborene* Berggänger, jemand, der ein windiges Leben in freier Wildbahn einer von Duldungsstarre gequälten Existenz vorzieht, dieser Mann kann im Grunde nur ein Mann des Widerstands werden.

Er ist unbewusst auf dem Fluchtweg – aus der offiziellen Menschheitsgeschichte, einem Kompendium der Ablasszettel und sanktionierten Lügen, von dem er sich distanziert. Nur deshalb treibt sich einer hier oberhalb der Baumgrenze in der steinernen Wüstenei der Berge herum. Die Todesfurcht, welche zu Nachgiebigkeiten, Kompromissen und laxer Haltung verführt, hat er im Griff (verbannen lässt sie sich sowieso nicht), er kann es getrost darauf ankommen lassen, wenn es einmal hart auf hart kommt. Entbehrungen, Schmerzen, die alten Unzulänglichkeiten. Und doch – was gibt es Schöneres, als seine eigene kleine Freiheit zu leben, sein »eigenes Süppchen« zu kochen? Hier, abseits der Zivilisation genannten Ver-Unordnung, findet der Berggänger Mittel und Wege, seine menschliche Seite zu retten. Er hört auf, ein gesellschaftliches Wesen zu sein – Batterie Nummer soundsoviel verabschiedet sich und verzichtet darauf, ein Zahnrad im Getriebe zu sein.

Hatte auch Goethe innerlich abgedankt, als es ihn hier in der dunklen Nacht über den Furkapass trieb? Oder wollte er nur seinem Gönner, dem jungen Herzog Carl August von Weimar, mit diesem Husarenstück imponieren? Man darf annehmen, dass sich der Dichter und Naturphilosoph bewusst einer Selbstprüfung unterzog, denn hier draußen war der noch nicht so bewanderte Carl August wohl eher sein Schützling.

Im Unterschied zu Jüngers *Waldgänger*, der in Dickicht und Humus Urbilder seines inneren Pandämoniums sah, stehen die Berge, zumindest die meinen, für jenen klaren Wirklichkeitssinn, der in der Wand oft über Sein oder Nichtsein entscheidet.

»Kung-Fu ist Länge mal Breite mal Tiefe«, diese geniale Definition des Bushido erwächst auch aus der Botschaft der Berge.

Wer die Verantwortung für das eigene Leben nicht aus der Hand geben will, handelt auch dementsprechend und verbietet sich die als Hilfe getarnte, ach so nützliche Gängelei. Er pfeift auf jedweden Knechtschaftsvertrag und tut so, als habe er nie von den bürokratischen Strafexpeditionen gegen Individualisten gehört – sollen sie kommen und ihn holen, die Häscher und Schreibstubenhengste möchte er sehen!

Es war in der letzten Stunde noch kälter geworden und ich versuchte, ein Loch in meinem Handschuh mit einem zerknüllten Brotpapierchen zu stopfen. Das Licht zog sich jetzt rasant aus der Landschaft zurück. Doch die Grimselwelt mit ihren vereisten Granithängen hatte nichts Bedrohliches an sich. Sie war traumhaft schön und von den Verheißungen einer Urwelt erfüllt.

Vor ein paar Monaten, im Sommer, hatte ich hier noch den Bergmalern zugesehen. Nun schien die Landschaft erst recht ein Gemälde zu sein: Vergilbtes Laub und violett gesprenkelte Heidelbeerstauden zogen sich wie ein schwerer, rostbrauner Gobelin vor mir hin, rot betupft von Vogelbeersträuchern.

Dass es hier jede Menge Wasserkraftwerke gibt, trübt nirgends den Ausblick; das meiste spielt sich in unterirdischen Stollen ab, das Dröhnen der Turbinen dringt nicht herauf. Dank der Umsicht der Kraftwerkbetreiber wirken die Stauseen ganz natürlich, ich hatte schon einmal an einem Strand aus Granitsand mit wunderschönen Rippelmarken kampiert. Doch an sommerliche Eskapaden war nicht mehr zu denken.

Nur mein Sherpa-Tee hielt mich noch halbwegs auf Kurs, so klirrend kalt blies der Wind.

Es ist zu ertragen.

Es muss. Denn was wäre die Alternative? Wieder zurück in die Großstadt und seelisch abstumpfen? Sich auf die Schenkel klopfen vor Lachen: *Was habe ich doch für einen Narren aus mir gemacht ... Also wieder fröhlich rein in den Pferch, den alten Schlendrian, die Bandschleife des Lebens? Und so lebte er, wie das Kollektiv es befahl ...*

Die Berge stehen nicht nur für einen letzten Freiraum jenseits der Städte. Wer den gesellschaftlichen Druck, die strukturelle Gewalt des städtischen Lebens nicht mag, der gewinnt hier oben Abstand und − wenn er Glück hat − eine sichere Bleibe.

Es liegt im Ermessen jedes Einzelnen, wann er auf Distanz zu einem negativen Erfahrungsgebiet geht, wann er sich gegen die Wettbewerbsverzerrung empört und seine Entwürdigung als denkendes Wesen nicht länger hinnehmen will. Der Montagnard in mir bleibt sein eigener Souverän, er lebt seine Wahrheit, führt sie nicht vor. Da bliebe sie ihrem Wesen nach auch sicherlich auf der Strecke. In dieser Höhe − jenseits des Trubels, der Unkenrufe und schrillen Schalmeienklänge − hat er sein Zuhause gefunden. Keine Weltflucht, eher die Entdeckung der wirklichen Welt, das hält ihn hier. Guido Eugen Lammers fromme Verwünschung »*so um das Jahr 2000 herum ... wird man nach und nach alles Menschenwerk aus dem Ödland oberhalb der Almhütten und Almsteige austilgen*«, in der Schweiz ist sie jedenfalls nicht in Erfüllung gegangen. Nirgends habe ich Liftruinen gesehen. Im Gegenteil. In der futuristisch anmutenden Architektur der neuesten »Schutzhütten« (alpine Refugien wäre wohl treffender) scheint sich bereits eine neue Klientel anzukündigen, die ihren Individualismus auf höchstem Niveau ausleben wird. Dank moderner Technologie ist ein *Alpenville,* die hermetisch abgeriegelte

Höhen-Enklave der Reichen, möglich geworden. Zumindest die neuesten Bauprojekte in Crans Montana, Zermatt, Andermatt, Gstaad und St. Moritz lassen bereits darauf schließen, dass ein alpines Florida mit rüstigen Golf spielenden Millionären schon bald Wirklichkeit werden wird. Über deren getrimmtes Grün dürften dann allerdings Robot-Rasenmäher und andere Hightech-Haustiere kriechen, die Anwohner selbst dürften – wie in Dubai – mit Hubschraubern eingeschwebt kommen. Einen Ausverkauf der Alpen, wie er seit Langem befürchtet wird, wird es allerdings auch in Zukunft nicht geben. In dieser Welt dürfte Technik, wie Peter Bammer schrieb, »langweilig werden. Was sie (die Technik) zu bieten hat, sind nur noch Sensationen für die Spießbürger der Zivilisation.« Dann müssen sich Menschen wie wir noch ein Stückchen weiter den Berg hinauf verziehen – bis wohin?

Mir bieten die Berge in jedem Fall die besseren Lebensbedingungen. Man bleibt verantwortlich für das, was man tut, reduziert seine Ansprüche, wenn es sein muss (und das sollte es eigentlich immer und überall sein), und gewinnt im bewussten Verzicht an Reichtum, der weder vom Euro noch irgendeinem anderen politischen Schwindel abhängt. Das Wesentliche im Leben, saubere Luft, reines Wasser und ausreichend Licht, hier lernt man es wieder zu schätzen. Alles Güter, die schon den nordamerikanischen Indianern als »unersetzliche Schätze« galten. Jede neue Klimakonferenz, die im Sande verläuft, führt uns drastisch vor Augen, wie wenig die politische Kaste doch von den wesentlichen Dingen des Lebens versteht. Die Büttel des ewigen Wachstums begreifen noch immer nicht, dass weniger de facto mehr ist und dass sie endlich umdenken müssen.

Ich hatte inzwischen pausiert, um zu Kräften zu kommen. Die eisige Luft machte meinen Bronchien zu schaffen und hinter der »Rhônequelle«, deren Betrieb eingestellt worden war, zog es wieder steil an. Der Berg vor mir wirkte plötzlich wie mit Porzellanglasur überzogen. Goethe hatte auf der östlichen Seite des Berges für seinen »starken Stieg« im November volle elf Stunden gebraucht. Diese Zeit hatte ich nicht, schlimmer noch, mir fehlte plötzlich der Mumm, den es braucht, eine Bergfahrt heil zu bestehen.

Und doch wollte ich es wenigstens bis zum »Grimsel Hospiz«, dem trutzig wirkenden, historischen Berghotel, schaffen, um von dort oben einen Blick auf den riesigen Stausee zu werfen.

Vor ein paar Wochen hatte ich hier noch mit Freunden in der äußerst komfortablen Kaminlounge gesessen und die Weinkarte einmal rauf und runter studiert; jetzt war auch diese Komfortzone den umherstreifenden Geistern verschlossen.

Müde, frierend, doch innerlich ganz zufrieden, ging ich weiter.

Zum ersten Mal ging mir auf, dass die einsamsten und unwirtlichsten Bergfahrten vielleicht die schönsten von allen sind.

Eine schwarze Nacht wuchs inzwischen aus den Bergen hinaus, sie duckte sich nicht länger, sondern kroch förmlich aus der Talsohle die Passstraße hinauf und hinter mir her.

Das Licht meiner Stirnlampe reichte kaum aus, doch das Triftgebiet mit seinen Seen und Flussläufen war gut zu sehen.

Es war irgendwie auch eine seelische Landschaft. Die Flut des Lebens hebt hier nichts an, hat hier vielleicht nie etwas bewegt.

Geh weiter und du wirst bald einer der Gewesenen sein …

Ich kehrte doch lieber um. Das »Grimsel Hospiz« lief mir nicht fort.

Dennoch Panik. SOS *Save our souls* … Nach einem neuen jähen Sturz des Barometers und der Idee, von jenseits des Blinnenhorns das Flackern von Blitzen zu sehen, wünschte ich mich nur noch an meinen Schreibtisch zurück. Doch den hatte ich die letzten Monate sträflich vernachlässigt. In Berlin hatte ich noch von einem Schreibtisch mit Bergblick geträumt, deswegen war ich ja hier. Hatte mich inzwischen eine andere Muse geküsst? *»Blättere im Homer, im Vergil, in allen Dichtern, die ihr am meisten liebt, und wenn ihr ganz erfüllt seid von ihren liebenswerten Bildern, dann kommt hierher, in die Alpen, und ihr werdet eure Dichter vergessen und eure Knie beugen vor dem größten Poeten, an den keiner heranreichen kann.«* Abgesehen davon, dass sich abgefrorene Gliedmaßen – wir reden von meinen Beinen – schlecht beugen lassen, fand ich die Beobachtung des Dichters Louis de Fontanes durchaus glaubhaft. Wer in der Stadt zum Schriftsteller wird, der schreibt in erster Linie gegen die eigene Vergänglichkeit an. Hier dagegen, in der »ewigen Landschaft« der Berge, ganz dicht an der Quelle des Lebens, erkennt er, dass es Vergänglichkeit gar nicht gibt. Die Schlüsselfiguren von Werden und Vergehen stellen sich als quälende Trugbilder heraus. Das Ego verklingt, Genügsamkeit stellt sich ein. Die Bereitschaft zu gehen und die Ahnung, wie groß der qualitative Unterschied zwischen der Schöpfung und uns noch immer ist.

Auf dem Rückweg sehe ich Lichter im Tal, vielleicht ein *Schneemobil,* das zum Berghotel fährt. Ich habe noch einen weiten Weg vor mir, eine Totenstille sinkt wie dichter, tintig blauer Schnee auf mich herab. Selbst das Knirschen unter meinen Sohlen verstummt, ich habe das Gefühl, den Schritten eines Astronauten auf einem fremden Planeten zu folgen. Wie staune ich, als ich plötzlich von Weitem die Silhouetten von drei Nonnen erkenne. Haubenlerchen. Die Jüngste vielleicht 60. Sie haben ihre Tracht mit Bergschuhen und Rucksäcken kombiniert. Und singen …

Sie brechen ab, als sie mich sehen. Es sind Ursulinen aus Brig und sie kommen offensichtlich von der Bergkapelle auf dem »Grimsel Hospiz«. Nonnen sind hart im Nehmen. Auf dem verschneiten Eggishorn kam mir mal so ein Mütterchen mit Stöcken in einem halben Meter Neuschnee entgegen, ich dachte erst, ich hätte eine Halluzination.

Auch diese Begegnung nimmt sich fast wie ein surreales Theaterstück aus. Wir wechseln nur wenige Worte, sie wollen wie ich nach Gletsch, bieten mir Tee an, Hagebuttentee, den ich nicht mag. Umgekehrt ist ihnen mein Sherpa-Tee nicht geheuer. Ich frage sie, wie es sich im Stockalper-Schloss wohne, und sie sind erstaunt, dass ich ihr Kloster kenne. An meine Lesung auf dem Bücherfest können sie sich allerdings nicht erinnern. Nein, keine wirklich »knorke« Literatur. Knorke im Sinne von gottgefällig.

Dass ich auf einer abgelegenen Alp wohne, sorgt für regelrechte Sprachlosigkeit: Wie denn das? Und warum? Ich sage, ich brauche Ruhe zum Schreiben. Eine fragt noch, ob ich sicher bin, dass ich es alleine zurück nach Gletsch schaffe … Ja, ja. – Dann alles Gute. Der Herr gebe Ihnen Kraft!

Noch heute sehe ich mich in Gedanken die verschneite Passstraße bergabwärts gehen, in meinen Fußstapfen schwappen blaue Schatten, ich selbst bin nur als schwefelgelbe Kontur zu erkennen, der Radius meiner Lampe ist nicht mehr als ein winziger Punkt. Kleine »Weltlaterne« in meinem Kopf … *Im Kellerkosmos eine Lichtwanne voller Gedanken, die wie indische Mondgöttinnen, große weiße Nachtschwärmer, vor mir aufflattern … Es ist ein schwarzes Loch in der Welt, in dem alle Vergänglichkeit wohnt.* Ich kann damit leben, denn ich bin frei, das weiß ich in diesem Moment. Ich muss nichts, nur leben.

Mal sehe ich mich als schwankender Schattenriss vor den nachglimmenden Konturen der Berge, mal abstrakt, als kosmische Schnittstelle, einem Anhaltspunkt auf dem Graphen der Evolution. Nein, Freunde, es geht wirklich nicht kleiner … *Es ist doch schon längst beschlossen, wie dieses Spiel aus-*

gehen wird, oder nicht? Wir ertragen auch dieses Letzte, weil wir es müssen. Alle Wege führen zum Ziel.

Im Nachhinein muss ich sagen, ich habe die Berge schon als Kind in mir gespürt. Mit diesem Umzug hatte ich sie nur im dreidimensionalen Sinn begehbar gemacht. Von einer tief greifenden Veränderung meiner Person spüre ich nichts. Dass einer ruhiger und gelassener wirkt, wenn er in Ruhe gelassen wird, ist sicherlich kein Verdienst. Und wer nicht angegriffen oder drangsaliert wird, ist logischerweise ein friedfertiger Mensch.

Die Selbstfindung und ähnliche Hirnwürmer reicher, gelangweilter Menschen saß mir glücklicherweise nie auf den Fersen. Stattdessen war ich von frühester Jugend an einem »inneren Alpinismus« verfallen, von der Natur berufen, sonst nichts. Ich folge seitdem meiner inneren Drift, bin gespannt, was da noch kommen wird. Oder auch nicht.

Ich glaube heute, die wahren Entdeckungsreisen des Menschen bestehen nicht darin, neue Landschaften und entlegene Kulturkreise aufzusuchen, sondern sich die Welt immer wieder mit neuen Augen anzusehen. Wer hat sich nicht selbst schon einmal die Frage gestellt, ob es möglich wäre, in einer Situation die Dinge bewusst anders zu sehen? Mit dem Hinterfragen vielleicht eine Ecke weiter zu denken als bisher?

So lange unsere Vorstellung von der Welt dieselbe bleibt, so lange sich die gewohnheitsmäßige Sichtweise nicht ändert, so lange ist es unwesentlich, ob wir uns geografisch verändern, ob wir in einem Nachtasyl auf der Hamburger Reeperbahn wohnen oder im Schneesturm einen Alpenpass überqueren. Mit allem im Leben verhält es sich so, wie Thomas Mann von der Fantasie einmal meinte: sie bedeute letztendlich nur, »sich etwas aus den Dingen zu machen«.

Ohne die Bereitschaft, sich wirklich zu öffnen, bringt alles nichts. Unsere Vorstellungen von der Wirklichkeit mauern uns ein – oder sie entlassen uns in die Freiheit.

Bergfahrt ohne Ende

> In der wolkenlosen Helle
> seh ich steile Firne ragen
> und die mächt'gen Pfeiler tragen
> eine wunderbare Welt.
> – CONRAD FERDINAND MEYER

Am Vormittag des 25. November 2013 hatte ich eigentlich vorgehabt, mit der Matterhorn-Gotthard-Bahn nach Brig zu fahren. Wegen des frühen Schneeeinbruchs hatte ich die Vorräte schon längere Zeit nicht mehr aufgestockt, doch nach zweimal Wildreis mit Brathering aus der Dose – war es unbedingt an der Zeit. Auf dem Weg zur Bergstation begegnete ich einem jungen Mann, den ich vom Sehen her kannte. Er wirkte verstört, hatte Mühe zu sprechen. Unten in Mörel habe es einen schweren Unfall gegeben, ein Zugunglück, er habe Verwundete im Schnee liegen gesehen. Ganz dicht bei den Gleisen. Noch während er sprach, näherten sich zwei Rettungshubschrauber von Zermatt. Auch die Sirenen aus dem Tal waren nun nicht mehr zu überhören. So schnell kann es gehen, dachte ich und machte kehrt. Das hätte auch dein Zug sein können. Es ist schnurzpiepegal, wo du lebst, die Zivilisation kriegt dich doch …

Erst am Nachmittag schaffte ich es, die Gondel talwärts zu nehmen. Die Polizei regelte noch immer den Ortsverkehr, gigantische Bergungsmaschinerien blockierten die Fahrbahn.

Mit Herzklopfen ging ich die vertraute Straße entlang, an der Bahnstation vorbei, die ich nur zu gut kannte, bis zur nächsten Kurve, von wo aus man die umgestürzten Waggons sehen konnte.

Sie lagen keine 1000 Meter Luftlinie von meinem Schreibtisch entfernt.

Wenn du der letzten Einsamkeit deines Lebens begegnest, hab keine Furcht. Ist es doch die Gelegenheit, endlich mit sich selbst Freundschaft zu schließen.

Es ist jetzt Anfang Dezember, die Tage können kaum kürzer werden. Um halb fünf rutscht die Sonne von der Schulter des Riederhorns, es wird schlagartig dunkel und kalt.

Ich mache noch kein Licht, auch kein Feuer, sondern sehe zu, wie die Dämmerung Einzug hält, ins Haus, in die Küche. Wie sich das Holz der Wände verfärbt, wie das Dämmerlicht über die silbernen Lampen streicht und sich mit dem künstlichen Licht der Glühbirnen vermischt. Doch die Dunkelheit ist bescheiden. Hat sie sich einmal breitgemacht, überlässt sie gern ihrer schönen Schwester, der Finsternis, die mehr Wärme verbreitet, den Platz. Zuletzt stehen nur noch die Konturen der Berge unter dem Wintermond.

Sehe ich heute die Berge, dann sehe ich mich – kühl, manchmal schroff, abwegig, doch die meiste Zeit über sonnig, in der Verwitterung – beim Menschen beginnt sie mit 50 – tannengrün, was in yogischen Kreisen der Herzfarbe entspricht. Die Aussicht, ins Paradies zu kommen und dort mit den Engeln um die Wette zu jubeln, hat mich nie interessiert. Man lebt nur einmal, wenn man Glück hat. Und ich glaube, ich habe Glück.

Während Gerda schläft, sitze ich draußen auf dem Balkon, auf dem breiten, hölzernen Handlauf und betrachte die nächtlichen Berge; ich weiß genau, hier gehöre ich hin, hier will ich auch noch mit 70, 80 sein: Das Dasein, diese Aufgabe erfüllen, die ich mir ausgesucht habe, was auch immer. Es gibt ja viele Wirklichkeiten des Lebens, das Gute an der heutigen Zeit ist, dass man sie sich selbst aussuchen kann.

Obwohl es die Walliser Kirche nicht gerne hört, es wäre schön, wenn meine Asche hier verstreut werden würde. Zwischen bunten Steinen und Lärchennadeln, zwischen weißen Eiskristallen und den letzten Flecken des Winters. Ich schade den Pflanzen ganz sicher nicht, der Wind wird schon wissen, wohin mit dem Rest.

Es wäre trotzdem eine Gnade, wenn ich hier oben, in diesem Tempel Gottes – wie sagt man heute – *auschecken* würde. Jede Moschee ist gegen diesen Gott, der sich heute Nacht über mich beugt, nur ein Kiesel, jeder Kirchenchor nur der Laut einer Grille. Jeder von Menschen gemachte Name Gottes geht im Heulen des Wintersturms unter. Die Berge werden noch sein, wenn die Erde in der Sonne verglüht ist und die gesamte Menschheit in einem der Erdsedimente schlummert. Das hat nichts mit Fatalismus zu tun. Nichts lebt ewig. Keiner von uns wird im Internet virtuell sterben und keine App wird uns retten. Wer erst auf dem Sterbebett zu sich kommt und begreift, für den wird es wahrscheinlich ein Abschied mit Schrecken. Die große Frage: Würdet ihr das, was ihr schon immer tun wolltet, tun, wenn ihr wüsstet, ihr könnt gar nicht scheitern? Ich glaube, ihr kennt die Antwort, also, was immer es ist, wartet nicht länger.

So sicher wie die Tatsache, dass alles Leben auf den Tod hinauslaufen muss, diese »umgekehrte Geburt«, so sicher weiß ich in dieser vom Mondlicht versilberten Nacht, dass es im Leben nur darum geht, was einer getan hat und wie er sein Leben, trotz aller Widrigkeiten und Rückschläge, führte. Unsere Sinne sind in der Lage, die Schönheit jener Göttin zu sehen, der wir unser Dasein verdanken: Natur.

Auch der technophile, urbane Homo sapiens bleibt Bestandteil der Schöpfung, die man – aus meiner Sicht jedenfalls – mit dem, was Natur beinhaltet, gleichsetzen kann. Sämtliche »Äußerungen« des Menschen, vom Stoffwechselprodukt bis zur mathematischen Formel, können daher nur natürliche sein.

Damit will ich Umweltverbrechen von Shell und Exxon nicht mystifizieren, aber denkt man einmal etwas weiter, vielleicht weniger anthropozentrisch als sonst, dann könnte es ebenso gut sein, dass die menschliche Rasse seit den Tagen der industriellen Revolution die Lebensbedingungen einer kommenden Spezies erschafft. Was nach uns kommt – es ist nicht unbedingt menschlich. In ein paar Millionen Jahren dürfte der Planet ohnehin ein anderer sein. Die hell erleuchteten Städte, deren Lichter heute im Rhônetal wie Glutherde traulich funkeln, sie werden dann längst nicht mehr sein. Das lärchige Haus hinter mir, die schattenblaue Felsenterrasse, auf der ich stehe, selbst der steinerne Buddha im Garten dürfte dann nicht mehr sein.

Der Geist, der hier wohnte, er wird um einiges freier sein, als er es war. Und selbst diese echte, ungeschundene Landschaft, die für mich den Sinn des Daseins verkörpert, all die Berge, die ich von hier aus sehe – Lagginhorn, Michabel, Matterhorn, Weisshorn – ihr Profil hätte sich aufgrund der tektonischen Spannung zwischen der eurasischen und der afrikanischen Platte erheblich verändert. Aus historischer Sicht ist das Wallis ein erschütterungsarmes Land, doch aus geologischer stellt es sich als Erdbebengebiet dar; fast täglich werden leichte Erschütterungen aus dem Talgrund gemeldet. Man darf nie vergessen, dass die Alpenfaltung das Resultat von erdgeschichtlichen Umwälzungen ist. Man darf nicht vergessen, dass die Erde nie schläft.

Wer in die Abgelegenheit der Berge ziehen will, sollte den Tod, der plötzlich und aus heiterem Himmel zuschlagen kann, jedenfalls nie ganz vergessen. Dabei denke ich nicht an

222

Schlamm- und Lawinenabgänge. Die normale medizinische Versorgung hier oben ist eher bescheiden. Wie oft habe ich mich schon mit Fieber zur Alpen-Apotheke geschleppt, nur um vor verschlossenen Türen zu stehen. Es empfiehlt sich, einen Vorrat von Medikamenten zu horten, vorausgesetzt man möchte sein grippales Wehwehchen nicht einfach durch Schlaf auskurieren. Das funktioniert auch. Ernsteres? Wer einen Infarkt oder Hirnschlag erleidet, dem hilft nach 23 Uhr, wenn keine Gondel mehr fährt, nur der rote Heli der Air Zermatt oder die Rega zu Tal. Doch bei Nebel und Schneegestöber? Bei Sichtweite null? Die Frau meines Freundes Armin verdankte ihr Leben wahrscheinlich nur den engagierten Samaritern von der Bettmeralp, die bei Hundewetter ausrückten.

Die Gretchenfrage bleibt aber, warum überhaupt noch, wenn man ein gewisses Alter erreicht hat, Retter bemühen? Mit 70, 80 Lenzen und einem bis dahin schmerzfreien Lebensabend? Warum? Um noch zehn Jahre an irgendeiner Maschine zu hängen, da zu sein ohne *raison d'être* – ein halb zertretener Käfer, der immer noch seinen zur Neige gehenden Geschäftchen nachgehen will? Warum sollte man den Moment, wenn die Stunde schlägt, eigentlich nicht annehmen, ihn bejahen? Erlöst von allen schlimmen Antrieben (und üblen Folgen), sollte man es den Menschen der Antike gleichtun, die mit heiterem Ernst lebten und ebenso starben. In der Tatsache, dass man sich das eigene Denken nicht vorstellen kann, offenbarte sich uns schon zu Lebzeiten der eigene Tod. Schreibend, malend, musizierend verknüpften wir Imaginiertes zu bunten, fliegenden Teppichen, auf denen wir die Lust an der Existenz feierten. Nur wenn es vorbei ist, dann ist es vorbei. Wo es Klagen gibt, scheint auch das Lachen nicht fehl am Platz, die Komödie ist bekanntlich aus einer heiligen Handlung entstanden. *Mors janua vitae,* hieß es bei den Lateinern: Der Tod ist die Pforte des Lebens.

Nun soll es auch Menschen geben, die wissen, wann es Zeit ist zu gehen, und so ein Mann, ein Bergbauer aus einem Nachbardorf, ging angeblich vor 30 Jahren hinaus in die Winternacht und kam nicht mehr zurück. Die grüne Fee Absinth mag dabei behilflich gewesen sein und der Schlaf. Bei Temperaturen unter null Grad erledigt sich die leidige Sache quasi von selbst. Auch mein polnischer Urgroßvater machte sich angeblich so aus dem Staub.

Ich würde früh aufstehen an meinem letzten Tag, noch vor Sonnenaufgang, um nicht das erste Licht zu verpassen, das frische Licht, das von Osten her in die bleigraue Schale des Nachthimmels rinnt. Es ist immer ein magischer Moment, wenn dieses Licht die Zinnen der Berge bestreicht, die ersten Vogelstimmen erklingen und die massige Flanke des Bättlihorns über Grün, Blau und Rot allmählich zu einem verockerten Braun findet.

Ich würde nicht vergessen, noch einmal auf die Terrasse zu gehen, bis an ihr spitz zulaufendes Ende. Ich hatte immer einen Bug in diesen Felsen gesehen – Bug eines Schiffs, das »nicht in ein Meer, sondern in die Ewigkeit fährt«[9]. Sollte es Frühjahr sein oder Sommer, würde ich ganz sicher einen letzten Strauß Blumen im Garten der Erinnerung pflücken und in einer Vase auf dem Wohnzimmertisch arrangieren. Dann würde ich gehen, sehr leise, um meine Frau nicht zu wecken, den Hausschlüssel nicht mehr mitnehmen und auch keinen Proviant, keine Regenjacke, gar nichts.

Noch vor Sonnenaufgang würde ich bergauf ziehen, vielleicht Richtung Westen, um noch einmal das Weisshorn zu sehen, wie es aus einem Schattenriss tritt, wie sich weiße Gipfel und Felsrippen bilden und das hohe Lied des Lichts und der Lebensfreude über den Tälern erklingt. Noch immer

9 Ludwig Hohl

würde ich in den Bergen von Urgewalten aufgerichtete Altäre erkennen, die wahren und einzigen Tempel der Schöpfung. Der Anblick würde einem wohlig warmen Sommerregen gleich in mein Gemüt rieseln und in dieser schweren Stunde zu meiner Beruhigung beitragen: *Freu dich doch. Ab morgen ist ewiger Sonntag.* Es wäre sicher trotzdem nicht leicht, so locker zu bleiben, sich wie ein Kind fortzubewegen und ab und an stehen zu bleiben, damit einem ja nichts von dieser Schönheit entgeht.

Ich denke, der Arvenwald würde mich noch einmal verzaubern. Die Brücken zwischen ästhetischem und technischem Sein, sie haben mir stets bestätigt, dass unser Empfinden von Schönheit tiefere Ursachen hat: Der Ast einer Arve ist schön, funktioniert – ist deshalb *richtig*. Nirgends in der Zivilisation, in keiner noch so strengen Architektur, findet sich der Grad von Ordnung, der eine Arve zu dem macht, was sie ist.

Beim Anblick der Bäume würde ich Ruhe empfinden. Was diesen Baum schuf, kann so schlecht nicht sein. Es hieße nun weitergehen, noch leiser, wie ein Schatten, der über die Felsen streicht und längst vergessen hat, woher er kommt. – Würde ich auf die Sonne warten? Ihr Lachen? Ich weiß es nicht. Ganz sicher würde ich noch einmal an einem Bach haltmachen, etwas trinken und mein Gesicht mit Schmelzwasser kühlen. Es würde mich an Gerda erinnern, die sich immer als Tröpfchen eines Ozeans verstand, in den sie gerne zurückkehren wird.

Komm schon, geh weiter hinauf, es ist gleich geschafft. Ein paar Schritte noch, eine Biegung, noch ein kleines, steiniges Stück … Schön, wie die ersten Schmetterlinge im dunstigen Licht von einer Blüte zur anderen tändeln. Im Unterschied zu den Menschen leben sie nur für den Moment. Sie können ja gar nicht anders. Wie oft habe ich sie in meinen Niemandsgärten gesehen. Auch die Eintagsfliegen, die im Sommer über dem Hochmoor einen meterhohen Schwarmkörper bildeten, haben es wesentlich besser als wir: Am Morgen losschwirren, sich mittags verlieben und abends mit den letzten Strahlen verschwinden, bis zuletzt an die unvergängliche Liebe glauben, Auge in Auge, die Finger ineinander verschränkt, den Herzschlag des anderen bis zuletzt im Ohr. Ich glaube, Fortpflanzung spielt in der Liebe nur eine untergeordnete Rolle, es geht nicht darum, neue Körper für die Gattung zu zeugen, es gibt einen geistigen Trieb, der dieses Körperliche, das niemand ewig wollen kann, transzendiert: Um diese Liebe geht es zuletzt, wenn wir nach unserer langen und beschwerlichen Reise die Halle des Bergkönigs betreten, unter das lichte, in den Himmel hineinragende Gewölbe aus Eis, zwischen den Säulen hindurch und vor den steinernen Thron, wo die Freunde warten, Brüder und Schwestern von unserem Stamm, Erstlinge, Pioniere, Freigeister, deren Pfade die unseren kreuzten.

Gegen den Strom schwammen wir hier herauf und fanden die Quelle. Hier waren wir glücklich. Ich hoffe, wir werden es noch lange Zeit sein. Nach dem Tod ins Paradies zu kommen, ist keine Kunst. Alle Weltreligionen stellen es den Verstorbenen bei guter Lebensführung in Aussicht. Ich glaube, das wirklich Entscheidende ist, dass man bei der Ankunft noch lebt.

NACHWORT

Unabhängig von der bibliothekarisch berechtigten Notwendigkeit, Bücher zu kategorisieren, so handelt es sich hier bei aller Wahrheitstreue nicht um ein autobiografisches Sachbuch. (Welches Memoire könnte das auch von sich behaupten?)

Einige Abschnitte – was die Rückblicke anbelangt – wurden aus unterschiedlichen Gründen fiktionalisiert, Namen und Schauplätze mussten abgeändert werden, um bereits umbenannte Charaktere noch unkenntlicher zu machen, als sie schon sind.

Es ist eben nicht leicht, über tatsächliche Begebenheiten als Ich-Erzähler zu schreiben, vor allem, wenn man noch nicht 87 ist und sich selbst nicht vormachen will, das Beschriebene könnte etwas anderes sein als die Darstellung von persönlichen Erlebnissen.

Das Kapitel *Alaska* ist jedenfalls einer Freundin zugedacht. Sie wird ohne Weiteres erkennen, dass es sich bei dem genannten Kapitel um ein Werk der Fiktion handelt, dass keine der darin vorkommenden Personen noch lebende, vor sich hin vegetierende oder bereits verstorbene Vorbilder hat und dass keines der Ereignisse ihren Widerpart in einer ebenso leichtlebigen wie traurigen Wirklichkeit findet, die wir periodisch über Jahre hinweg auf der Reeperbahn und anderen Inseln der Unglückseligen teilten. Sie wird ebenfalls bemerken, dass ich mir gewisse erzählerische Freiheiten in räumlicher und zeitlicher Sicht erlaubt habe, um den Eindruck einer hier kursiv gesetzten geopolitischen und wirtschaftlichen *Privilegiertheit* der Reisegesellschaft, um die es geht, gar nicht erst aufkommen zu lassen. (Selbst wenn dem so war, es wäre die falsche Erklärung, okay?)

Sollte sie dennoch darauf bestehen, dass sie in diesem im Sinne einer Selbsthinterfragung verfassten Kapitel »handelnde Personen der Wirklichkeit« wiedererkennt, dann möchte ich sie daran erinnern, dass kein gestandener Küstenschiffer und Kapitän dem anderen ein Wendemanöver vermiest und stattdessen den Blick in noch größere Ferne richten wird.

Rüm hart – klåår kiming!

Thor Kunkel, 3.12.2013

Meine Frau ist zumindest teilweise verantwortlich für die in diesem Buch ausgedrückten An- und Einsichten. Ich bin ihr unendlich dankbar. Auch für die Illustrationen, die sie zu diesem Buch beisteuerte.

Während dieser längsten zwei Jahre meines Lebens hatte ich immer wieder das Glück, auf die großzügige und kritische Unterstützung neuer Freunde und Kollegen zurückgreifen zu können. Besonders erwähnt seien hier Emil und Frieda Elsig, Jean-Pierre D'Alpaos, Jonas Ruppen, Christiana Probst, Hervé Batail, Markus Gertken, Parvis Amoghli, Christian Hoyer, Jutta Müller, Wolfgang Brückner, Mathis Landwehr, Sascha Girndt, Jalaludin Trautmann, Jochen Doell und Alan Tong.

Ähnlich zu Dank verpflichtet bin ich Christian Alvart & Sigi Kamml.

Und Oskar Roehler.

Für die freundliche Überlassung von Bildmaterial danke ich Hagen Schnauss und Soblue Weina.

Last, not least: Susanne Haffner, meine Lektorin, half mir

durch ebenso wertvolle wie einfühlsame Anregungen, meine Gedanken zu klären. Liebe S., dieses Buch war unsere gemeinsame »Wand«: Es war mir eine Ehre, sie mit dir zu durchsteigen.

VERZEICHNIS DER QUELLEN
UND ERLEBNISSCHRIFTEN

Belloc, Hilaire: Der Weg nach Rom, Verlag Herder, Freiburg im Breisgau, 1964

Brunhuber, Sepp: Seilgebrauch in Fels und Eis, Verlag Rudolf Rother, München, 1942

Diemberger, Kurt: K2: Traum und Schicksal, Bruckmann, München, 1989

Eidenschink, Otto: Richtiges Bergsteigen. Bergsteigen und seine Technik in Eis und Fels, Bruckmann, München, 1951

Erler, Heinrich: Den Bergen verfallen. Alpenfahrten von Eleonore Noll-Hasenclever, Union Deutsche Verlagsgesellschaft, Berlin, 1932

Flaig, Walther: Das Gletscherbuch – Rätsel und Romantik der Alpengletscher, F.A. Brockhaus, Leipzig, 1938

Flaig, Walther: Eistechnik des Bergsteigers in Bildern und Merkworte, Heft 3, Dieck & Co.-Sportverlag, 1925

Flaig, Walther: Felsklettern in Bildern und Merkworten Heft 1, Dieck & Co.-Sportverlag, 1924

Flaig, Walther: Felsklettern in Bildern und Merkworten Heft 2, Dieck & Co.-Sportverlag, 1924

Flaig, Walther: Die Skiparadiese der Schweiz, Bruckmann-Verlag, München, 1932

Flaig, Walther: Der Lawinen-Franzjosef und andere ergötzliche und betrübliche Nachrichten von grausam grüseligen Schneelöwinnen. Nebst einer kleinen Chronik der Lawinenkunde und -katastrophen in früheren Zeiten, Gesellschaft alpiner Bücherfreunde, München, 1941

Flaig, Walther: Das Silvrettabuch – Volk und Gebirg über drei Länder. Erinnerungen eines Bergsteigers und Skitouristen, Gesellschaft alpiner Bücherfreunde, München, 1940

Goethe, Johann Wolfgang von: Die Schweizer Reisen, Reisetagebuch nach der Schweiz 1775 / Briefe aus der Schweiz 1779 / Reise in die Schweiz 1797, Artemis-Verlag, Zürich, 1979

Gundelach, Ekke: Der Traum vom Abenteuer, Stadler, Konstanz, 1995

Haar, Jaap ter: Unwetter am Weisshorn, Loewe Verlag, Stuttgart, 1961

Harrer, Heinrich: Die weiße Spinne. Die Geschichte der Eiger-Nordwand, Belser-Verlag, Stuttgart, 1958

Harlin, John: Die Wand aller Wände: Der Eiger, mein Vater und ich, Piper, München, 2009

Haushofer, Marlen: Die Wand, Sigbert Mohn Verlag, Gütersloh, 1963

Haushofer, Marlen: Himmel, der nirgendwo endet, Fischer-Verlag, Frankfurt am Main, 1986

Hensel, Carl: Der Kampf ums Matterhorn – 1929 – ein Tatsachenroman, Engelhornverlag Adolf Spemann, Stuttgart, 1929

Hohl, Ludwig: Bergfahrt, Verlag Suhrkamp, Frankfurt am Main, 1975

Hohl, Ludwig: Von den hereinbrechenden Rädern, Nachnotizen, Band 1, Verlag Suhrkamp, Frankfurt am Main, 1986

Ittlinger, Josef: Führerloses Bergsteigen. Das Gehen auf Fels, Schnee und Eis, Verlag Grethlein & Co. Leipzig, 1920

Jegerlehner, Johannes: Die Todesfahrt auf das Matterhorn, Grote'sche Verlagsbuchhandlung, Berlin, 1928

König, Erich: Empor. Georg Winklers Tagebuch. Ein Reigen von Bergfahrten hervorragender Alpinisten von heute, Verlag Grethlein & Co., Leipzig, 1906

Klucker, Christian: Erinnerungen eines Bergführers, Eugen Rentsch Verlag, 2., verbesserte Aufl., Erlenbach–Zürich, 1930

Kuchar, Radovan: Zehn große Wände, Olympia-Verlag, Prag, 1970

Kukuczka, Jerzy: Im vierzehnten Himmel, J. Berg-Verlag, München, 1990

Ludwig Lang (und Flaig, Walther): Gletschereis, Franckh'sche Verlh. Stuttgart, 1927

Lammer, Eugen Guido: Durst nach Todesgefahr, Steiger-Verlag, Augsburg, 1999

Lammer, Eugen Guido: Wie anders ist das Besteigen der Alpen geworden, Verlag Allgemeine Bergsteiger-Zeitung, Wien, 1937

Lammer, Eugen Guido: Jungborn. Bergfahrten und Höhengedanken eines einsamen Pfadsuchers, Bergverlag Rudolf Rother, München, 1940

Lunn, Arnold: Die Schweizer und die Engländer, Amstutz, Herdeg & Co., Zürich, 1947

Lunn, Arnold: Die Berge meiner Jugend, Amstutz, Herdeg & Co., Zürich, 1940

Meichtry, Wilfried: Verliebte Feinde, Iris und Peter von Roten, Nagel & Kimche Verlag, Zürich, 2012

Noll-Hasenclever, Eleonore: Bietschhorn – mit Alexander Burgener. In: Bergsteigen, Festschrift des Österreichischen Alpenklubs zu seiner Hundert-Jahr-Feier 1778–1978, hrsg. Österreichischer Alpenklub als Sonderfolge der Österreichischen Alpenzeitung, Jänner/Februar 1979, Folge 1423, 160–163.

Pause, Walter: Hüttenwandern, Frankfurt am Main, Büchergilde Guttenberg, 1988

Pause, Walter: Bergsteiger-Seemännchen, Hermann-Klemm-Verlag, Freiburg im Breisgau, Büchergilde Guttenberg, 1956

Pause, Walter: Mit glücklichen Augen. Aus den Aufzeichnungen eines romantischen Bergsteigers, Bruckmann, München, 1966

Pause, Walter: Die Schule der Gefahr im Erlebnis des Bergsteigers, Bruckmann, München, 1952

Pause, Walter: Der Tod als Seilgefährte, 33 Bergsteiger erzählen, Bruckmann, München, 1969

Pause, Walter u. Thorbecke, Franz: Die Alpen mit Adleraugen, Heering, Seebruck am Chiemsee, 1967

Pause, Walter: Skispuren, Glücksspuren. Heitere Lektionen abseits der Piste, Bayrischer Landwirtschaftsverlag BLV, München, 1965

Pause, Walter: Segen der Berge, Stähle & Friedel Verlag, Stuttgart, 1959

Pelton, Robert Young: The world's most dangerous places, Harper Collins, New York, 2003

Pesskoller, Helga: Extrem, Böhlau-Verlag, Wien, 2001

Ramuz, C.F.: Das große Grauen in den Bergen, Leipzig/Wien, C. Weller & Co. Verlag, 1927

Ramuz, C.F.: Die Schönheit auf der Erde, München, Ullstein-Verlag, 1986

Ramuz, C.F.: Bergsturz auf Derborence, Zürich/Wien/Prag, Büchergilde Guttenberg, o.J.

Ramuz, C.F., Chappaz & Maurice, Emil Egli: Wallis. Berge und Täler, Huber-Verlag, Frauenfeld, 1982

Rébuffat, Gaston: The Mont Blanc Massif. The 100 Finest Routes, London, 1996

Rilke, Rainer Maria u. Zermatten, Maurice: Der Ruf der Stille – Rilkes Walliser Jahre. Mit einem Beitrag von Eduard Korrodi: Rainer Maria Rilkes Begräbnis, Rascher-Verlag, Zürich, 1954

Rudolph, Fritz: Gipfel ohne Götter, Sport-Verlag, Berlin, 1959

Rudolph, Fritz: Himalaya-Tigers. Der Kampf um das Dach der Welt, Sport-Verlag, Berlin, 1956

Rudolph, Fritz: Mein Zelt stand am Matterhorn, Sport-Verlag, Berlin, 1958

Stefansson, Vilhjalmur: Jäger des hohen Nordens, F.A. Brockhaus Verlag, Leipzig, 1924

Stefansson, Vilhjalmur: The friendly Arctic. The story of five years in arctic regions, Macmillan, New York, 1921

Stefansson, Vilhjalmur: Northwest to Fortune, the search of Western Man for a commercially practical route to the Far East, Duell, 1958

Trenker, Luis: Der verlorene Sohn, C. Bertelsmann Verlag, Gütersloh, 1954

Trenker, Luis: Kameraden der Berge, C. Bertelsmann Verlag, Gütersloh, 1953

Trenker, Luis: Duell in den Bergen, C. Bertelsmann Verlag, Gütersloh, 1954

Trenker, Luis: Heimat aus Gottes Hand, C. Bertelsmann Verlag, Gütersloh, 1950

Trenker, Luis: Schicksal am Matterhorn, Fackel-Verlag, Olten, 1963

Trenker, Luis: Berge im Schnee, Neufeld & Henius-Verlag, Berlin, 1932

Trenker, Luis: Sperrfort Rocca Alta. Der heroische Kampf um das Panzerwerk Verle. Ein Tatsachenbericht, Kochs Verlag, o.J.

Trenker, Luis: Im Kampf um Gipfel und Gletscher, Knaur-Verlag, Berlin, Feldpostausgabe, 1942

Trenker, Luis: Berge in Flammen, Mosaik-Verlag, Hamburg, 1963

Trenker, Luis: Hauptmann Ladurner. Ein Soldatenroman, Mosaik-Verlag Franz Eher, München, 1940

Trenker, Luis: Der Feuerteufel. Ein Speckbacherroman, Verlag v. Th. Knaur Nachf., Berlin, 1940

Twain, Mark: Bummel durch Europa, Gesammelte Werke, Band 4, Insel Verlag, Frankfurt am Main, 1985

Ulrich, Thomas: Eiger-Nordwand. Mit Nagelschuhen und Hanfseil auf den Spuren der Erstbegeher, AS Verlag, Zürich, 2003

Whymper, Edward: Scrambles amongst the alps. In the years 1860–1869,

London, Edinburgh, Dublin, New York, Thomas Nelsons & Sons., ca. 1900

Whymper, Edward: E.W.s Berg- und Gletscherfahrten in den Alpen in den Jahren 1860–1869. Bruckmann, München, 1990

Whymper, Edward: The Ascent of the Matterhorn, John Murray, London, 1880

Zuckmayer, Carl: Die langen Wege: Betrachtungen, Gesammelte Werke in Einzelbänden, S. Fischer Verlag, Frankfurt am Main, 1996

Bei der Notiz auf Seite 167 handelt es sich um die vom Autor übersetzte Grabinschrift von Barry Brewster, 1962, Eigernordwand.

Original-Text:

Shatterd my glass / half the glass had run / I hold the heights, I hold the heights I won

Nachweise

Der vorliegende Band versammelt einige Essays, die in den letzten Jahren zu diversen Anlässen entstanden sind. Für die Buchfassung wurden sie gründlich überarbeitet, gekürzt oder erweitert, neu komponiert oder als Zwischenstück in einen größeren Zusammenhang eingefügt. Die folgenden Nachweise geben den Ort der Erstveröffentlichung an, auch wenn viele Abschnitte ganz neu geschrieben wurden. Dies gilt besonders für die Kapitel 2, 4, 5 und 9.

1. *Über das Töten*, unveröffentlicht.
2. *Das Paradies der Grausamkeit*, frühere Fassung in: Frankfurter Allgemeine Zeitung, 2. 2. 1999.
3. *Aktionen*
   Amok, in: Das Magazin/Tages-Anzeiger, 8. 4. 2000.
   Der Mob, in: Das Magazin/Tages-Anzeiger, 1. 7. 2000.
   Am Pranger, in: Die Weltwoche, 7. 9. 2000.
   Maske und Feuer, in: Die Weltwoche, 4. 3. 1999.
4. *Moderne und Barbarei*, frühere Fassung unter dem Titel *Zivilisation, Organisation, Gewalt* in: Mittelweg Nr. 36, 2/94, S. 57–67.
5. *Auschwitz, Kolyma, Hiroshima*, frühere Fassung unter dem Titel *Formen absoluter Gewalt* in: Mittelweg Nr. 36, 5/93, S. 36–46.
6. *Terrorzeit*, erweiterte Fassung unter dem Titel *Gewaltzeit* in: T. v. Trotha (Hg.), Soziologie der Gewalt. Sonderheft 37 der Kölner Zeitschrift für Soziologie und Sozialpsychologie, Opladen 1997, S. 102–121.
7. *Kriegsgesellschaften*, unveröffentlicht.

8. *Die Gewalt des Krieges*, unveröffentlicht.
9. *Der wilde Krieg*
   Die Rückkehr der Marodeure, in: Das Magazin/Tages-Anzeiger, 4. 4. 1999.
   Das Gemetzel, frühere Fassung unter dem Titel *Das Gesetz des Gemetzels* in: Die Zeit, 2. 4. 1998; dänisch: *Nedslagtninger*, in: weekendavisen, 8. 4. 1998.
   Die Waffe der Schändung, in: Die Weltwoche, 19. 10. 2000.
   Kosovo: der Doppelkrieg, unter dem Titel *Krieg und Illusion* in: Die Zeit, 22. 5. 1999.
   Terrorkrieg, in Teilen veröffentlicht in: Literaturen 11/2001, Focus 42/2001, Süddeutsche Zeitung 19. 9. 2001 sowie Neue Zürcher Zeitung, 25. 9. 2001.
10. *Vergeltung*, unveröffentlicht.
11. *Vergessen*, unveröffentlicht.
12. *Vom Verschwinden des Grauens*, in: Neue Rundschau 4/88, S. 19–40.